珈琲の建設

オオヤミノル

誠光社

珈琲の建設・もくじ

「美美」の森光先生に感謝を込めて捧げます。

第一考——コーヒーのイメージの変遷について

「彼らははたして独立して立っていたのか」

ちっとも美味いと思わなかった

今年ちょうど五〇歳だから、思春期を過ごしたのは一九八〇年代ではあるんだけど、本当にいろいろなことを意識しはじめたのは一九九〇年代初頭くらいなの。正直に言うとそれまではもっとぼーっとしてた。八〇年代に何してたかなって今考えると、「詩の小路*」に服買いに行くために太秦のジャスコで服買ってたとか、そんなもん。服買いに行く用の服買ってた。大体の人間って三〇歳くらいになってはじめて青春を回想し始めるんだよね。リアルタイムで一〇代の自分を言語化できるのって多分よっぽどの都会育ちだけなんだよ。とはいえ僕は嘘をついてでもさも何かあったかのように語るんだけどね。

一九八〇年代初頭に喫茶店の数はピーク**だったって言うけど、僕の実感では当時ですら潰れていくものだという雰囲気があった。自分の親父がとにかく僕を喫茶店に連れて行ったの。住んでいたのが右京区だったから、千本あたりの喫茶店に通って、帰りに「スタア食堂***」で外食ってのが嬉しくってね。自分がそこで本を読みたいから、もうあらゆる喫茶店に子どもを連れて行く。親父は定時制高校の科学の教師をしていて、お店の人から「先生」って呼ばれていた。どういう店が好みだとか、明確な基準があったとは思えないけど、本を読みたいからやたらと話しかけてくる店にはいかなかった。親父が便所に立った隙にちょこっとコーヒーを飲んでみたりはしてたんだけど、ちっとも美味いとは思わなかったね。でもいい香りだとはずーっと思ってた。あの頃京都の喫茶店のほとんどは酸っぱいコーヒーばっかりだった。そんな環境で育って幼稚園くらいから喫茶店には馴染みがあったから、喫茶店にだけは不思議に敏感だった。だから、ちょっと物心つくと子ども同士でも通うようになって。で、そこにいるママさんは、もうおばあさんみたいな歳だったし、店の中も物静かで、今から思うと終わりゆく雰囲気が漂っていたんだよね。その代わりに新しいものが生まれつつあった。

最先端の現象をモノに置き換えようとする時に起こりやすい悲劇

例えばカフェバーとかプールバー。高校入ってすぐに河原町三条の「バナナフィッシュ」っていうカフェバーとかしょっちゅう通ってたね。そこに至る以前は、最初に喫茶店があって、次に専門店ブームっていうのが起こる。そこでシングルオリジンの豆、ブルーマウンテンとか

---

* **詩の小路**…三条新京極のファッションビル。八〇年代当時はインディーズのレコードショップなども入るカルチャー発信源だった

** **喫茶店の数はピーク**…総務省統計局「事業所統計調査報告書」によると一九八一年が事業所数一五四、六三〇でピーク

*** **スタア食堂**…創業大正一四年の老舗洋食店

モカ・マタリみたいなものを出し始めて、その段階でちょっとだけ、カップにおけるコーヒーの品質が向上したんじゃないかな。意識的に何かが変わった。でもそれって、コーヒーがカップに至るまでの、プロセスの専門性をブランディングしたんじゃなくて、「他より高くて美味い」程度のことを実現するためのデザインであって、結局それは他店との差別化プラスアルファの収入のためのものだから、専門店だったはずがランチやケーキ、冷凍ピラフを売る店へと先祖返りしていくことになる。

カフェバーとかの流行りが終わった頃、海外なんかで観てきた本場指向な雰囲気のお店を作り始める人たちが出てきて、カフェブームが起こる。そのブームの中では鎌倉「カフェ・ヴィヴィモン・ディモンシュ」*の堀内くんなんかが意識的にコーヒーにウェイトを置き始めていたんじゃないかな。堀内くんがいて、中川ワニ**がいて、中川ちえ***がいて、中でも永井宏****さんが重要な存在だったんだよね。なんでみんなもっと彼のことを語らないのかなと思うくらい、いまもって有効なものを残した人だと思う。僕は関西だったから直接的な影響下にはなかったけど、まあ大きかったよ。

永井宏さんはストーリーを提示したんじゃなくて、SNSもない時代に何かやって認めてもらいたい人たちのささやかなアイデンティティを肯定してあげたんだよね。「あんたそれだったら展覧会やったらいいよ」とか、「お店できるんじゃない？」とか。みんなそれぞれ何かに没頭する、オタク的な要素があると思うんだけど、それをあたかも一生の仕事のように認めてあげたんだよね。要するに自分流で好き勝手に生きることを肯定する、左京区*****文化みたいなものを、ある種社会的なものにまで押し上げてくれたんじゃないかなあ。側にいたわけじゃないから具体的にどういうことが行われたかまではわからないんだけど、永井宏さんがいたから全国に新しい店が出来たということは確かだと思う。それがある種のカフェブームにつながるきっかけでもあった。でもその後にポリティカルなことが起こり始める。要するに永井さん系列であるとか、例えばディモンシュに「私もカフェやりたいんです」ってわざわざ東北から言いに行ったとか、そんな瑣末なことが付加価値として語られたんだよね。つながりが価値になるって非常に政治的だよね、誰々の友だちとか知り合いとか、どうでもいい。昔はそうじゃなかったはずなんだよね。基本は食うため、幸せになるために、技術を向上して競争に勝つために努力したもの。

要するにカフェブームにおけるカフェって当時喫茶店をやっていた人たちが海外を見てきて、

---

* カフェ・ヴィヴィモン・ディモンシュ…一九九四年鎌倉にオープン。
** 中川ワニ…焙煎人、「中川ワニ珈琲」主宰。店舗は持たず受注販売し、コーヒー教室なども開催する
*** 中川ちえ…エッセイスト、器と生活雑貨の店「in-kyo」店主
**** 永井宏…美術作家、一九九二年葉山に「SUNLIGHT GALLERY」をオープン。二〇一一年に逝去
***** 左京区…京都市北東部の大学があつまるエリア。

より「本場」に近いスタイルを目指してお店を作り始めたというものだと思うんだけど、本場を目指せば目指すほど一〇年たてば、実は「本場」とは全く違うものになっていたなんてことになる。やりたくなるんだろうね。やらざるを得ないだろうし。大体「本場」とは風景もそこに集まるお客さんも、毎日の情報が全く違う。最先端の現象をモノに置き換えようとする時に起こりやすい悲劇だよ。

貧乏人が嫌いなんじゃなくて、貧乏くさいのが大嫌い

その次に、今から二〇年くらい前かな、古着を着た女の子が喫茶店に行くみたいな喫茶ブームがあったよね。［六曜社］*なんかもそういう文脈で捉えられていた時期もあった。あれはもともと沼田元氣**からスタートしているんだよね。あの人むちゃくちゃ早かったし天才だね。彼はポエジーがあってインテリだからそういう風には落としこまなかったけど、そこから派生したブームでは喫茶店は「レトロ」とか言われて、クリームソーダ飲んじゃったりして、イメージの再生産がされはじめた。天才って大体オモロイんだけどなんかムカつく人が多い。人格的にワキが甘かったりさあ。それすら気にしてないんだろうけど。そういう才能が生み出した概念が、消費者によって繰り返し自己肯定的に消費されることで最終的に違うものに成り下がってしまうんだろうね。結果、イメージを生み出した天才がなんとなく嫌われたり、悪者になってたりするんだよね。

懐古趣味的なブームの時はみんなミルクコーヒーとか、ホットケーキとか、クリームソーダなんかを好んで、結局コーヒーではなかったんだよね。シチュエーション重視。結局喫茶店巡りとパン屋巡りが流行るのって安くて膨大な数を巡れるからなんだよね。いっぱいパン抱えてる子に「いくらつかったの？」って聞いたら「三〇〇〇円」とかさ。笑えないよねそんなの。サラ金でさあ、借金して一流フレンチ巡りしてボロボロになってるみたいなヤツのほうが好きなんだよね。貧乏人が嫌いなんじゃなくて貧乏くさいのが嫌いなんだよ。貧乏人はどっちかっていうと好きなの。当時『すてきなあなたに』とか読んでそうな、型紙から作ったような服着た女の子にさあ、「でも駅から家までその格好でボロボロの自転車乗って帰ってるんでしょ」とかよくからかったもんだよ。「せめてミュージシャンとかやってる男のボロい自転車の後ろに乗せて送ってもらえよ、横乗りで」って。

面白かったのはね。オオヤコーヒーで豆の卸とかはじめたころね、『クウネル』にも載ってるし、なんかおしゃれなイメージを抱いてくる人たちがね、「喫茶店やりたいんですけど、豆卸してもらったらコーヒーミルも貸してくれるんですか？」とか言ってくるの。「自分の道具

---

* **六曜社**…昭和二五年創業、京都三条河原町の喫茶店。地下店と一階それぞれのスタイルで営業
** **沼田元氣**…芸術家、ポエムグラファー。喫茶店を始め、街歩きやこけしなどに関する著作多数

は自分で買ってください」って言ってたけど。自分の道具も自分で選ばないコーヒー屋がさあ、俺のコーヒー出してお客さんに美味いって受け入れられるわけないよ、やめたほうがいいよって。

壺を割るのに忙しいから

話を戻すと、カフェブームが起こって、雰囲気やつながりみたいなものが商品になる時代が来て、そのカウンターとしての喫茶店ブームみたいなのもあった。で、その次に茶人趣味みたいなのもあって、骨董の器で飲むのが良くって、隠れたコーヒー名人を探す旅、みたいなさあ。週に二三日しか営業しないんだけど、なんかそのことで神格化されるみたいなさあ。なんていうのかな、そういうのも伝説のコピーでしょ。本当のオリジネイターはもっとキチガイじみた理由でやむなく週二回しか営業できないのに、それをなんか深い精神性のように解釈して、それが工芸とか、古道具の世界とコミットして。何かが違う、って気に入らない壺を割るのに忙しいからウチは週二回しかやらないみたいな。

あっという間にステレオタイプになっちゃったけど、白い壁に白い器を置く、みたいなスタイルの店が一時期流行ったよね。そういうのも出始めはやっぱりかっこよかったんだよね。カフェじゃないけど、アンティーク屋の「タミゼ」*とか、麻布ではじまった「プティ・キュ」**とかそのあたりが先駆者になって一つのムーブメントが起こったんだけど、かならず二番手、三番手の人が出てくると急につまらなくなってくるんだよ。一番手の人はすっごい面白いんだよね。スリリングで刺激的だったし、見るものがある。何故かそのあたりから「フォトジェニックじゃないと駄目」っていう感じが凄く強くなっていったんだよ。『Casa BRUTUS』なのか『クウネル』なのかわかんないんだけど、そういうメディアに出てくるような店をみんなが目指しはじめるっていう。例えば「白い壁に白い器」的なアイテムが自己実現のために使われはじめると嫌になるんだよ。それで二番手、三番手を馬鹿にしたら、そのまま一番手も馬鹿にすることになっちゃう。だから俺は名指しで馬鹿にするように心がけてるんだよ。一度そうなっちゃうと、そうじゃないものの良さを提唱する人って「変わった人だ」ってことになって初期段階でスポイルされちゃうんだよね。俺だってスポイルされる側の人間だから、言いたいことは言うけどギリギリのところでとどめとくようにしてなんとか生き延びてきたんだよ。

---

* タミゼ…アンティークショップ「antiques tamiser」。二〇〇一年に麻布十番でオープンし、その後恵比寿に移転。二〇〇九年には黒磯に「tamiser kuroiso」をオープン。

** プティ・キュ…東京早稲田のアトリエ兼カフェ「petit cul」。現在は不定期営業。

商品そのものを売るリベラルさ

その次にサードウェイブとか言われだすんだけど、僕が西海岸に行って現地のカフェを見学してきたものと日本にやってきたものとは随分違う気がするんだよ。向こうの独立系のコーヒー屋は採算をあげるために内装にお金をかけない、かけるなら自分たちの仲間にお金を使っているのがわかるようなかたちでやってる。だからDIYなのに、日本に来ると全部金かけてそういうものの雰囲気を真似するんだよね。だいたい彼らは絶対に自分たちがサードウェイブ*だとか言わなかったし。

喫茶店は経営の時代に入ったんだと思う。僕はまったく興味も持ったこともない世界だけど、カフェチェーンの人間が芸能人とかモデルがたくさん出入りする店作ったみたいな話あるよね。つまり「カフェという商品」を扱うビジネスの話、それでめっちゃ儲かってるっていうのがイコール経営ではなくて、コーヒーをメインの商品として扱うカフェを経営することを真剣に考え始めたのがサードウェイブだと思うんだよ。サードウェイブって「シード・トゥ・カップ」っていうのをスローガンにしていて、要するに豆を輸入して焙煎してドリップして提供するまでを一つの流れとして店が請け負うっていうスタイルなんだけど、それって結局経営上の利幅を考えてのことなんだよ。要するに商品に付加価値や嘘を乗っけて売るんじゃなくて、情報を開示した上で「商品そのもの」を売っているリベラルさを感じたんだよね。

最近ルネッサンス時代のコーヒーについて調べてるんだけど、当時の誰々何世とかいうローマ教皇がコーヒーを宗教裁判にかけるんだよね。イスラム教の国からやってきたものだから。でも結局「まあいいですよ」っていうことになるんだけど、それがなんでかっていうと「実はローマ教皇がコーヒー好きだったから」みたいなことが、どの本読んでも書いてあるんだよ。でも俺らはもうそんなの信じないよね。

政治経済の中でコーヒーについて考えれば、例えば一七世紀あたりなら、東インド会社の奴らがコーヒーを売りたかったんだろうし、植民地政策としてもそれが有利だったし、産業革命前の労働者の不満を抑えるために砂糖とタバコとコーヒーっていうのはとても重要だったんだよね。ルネッサンス時代なら、コーヒーが売れる度にヴェニスの商人たちからローマ教皇はいくらかお金をもらっていたかもしれないし。「オレも実は好きだったんだよね」みたいなかわいい話なわけないいじゃない。世界が動いてるんだから。

＊　サードウェイブ…一九七〇年代までの飲料としての普及段階をファーストウェーブとし、品質や味わいを重視するセカンドウェーブの次にあたる、嗜好性を追求し、コーヒーの品種本来の味わいを重視したムーブメント。生産者を重視するダイレクトトレードの傾向も見られる。

そういうのを無視して日本のお店もメーカーもモノを売るっていうのが、なんか自分たちの扱う食材に対して深刻じゃない感じがする。ある意味悪気もないんだけど、実質かイメージかどっちをとるかっていうと「ローマ教皇が実はコーヒー大好きだった」みたいな売り方の方をとっていて、受け手側も「そんなわけねえよ」って絶対に言わないんだよね。

大工によるDIY風

例えば「シェ・パニース」*の思想がどういうものか理解される時代、俺ら一人の規模で農業ができるのか、出来ないのであれば何が悪くて、何を排除すればいいのか、そういうことを真剣に考えるようなことが始まりだしたのがサードウェイブの時代だと思ってたのね。でもいまサードウェイブって言われているようなお店とか人って、よくよく訊くとそういう話もちょっとだけ出てくるんだけど、売り方もデザインの仕方もいっぱいあるのに、やっぱり見た目も論理もえらくデコラティブなんだよ。向こう風のカフェの見た目だけ真似して大工さんにDIY風に作ってもらうなんて恐ろしいよね。例えば予算がない中で仲のいい大工さんに頼んだとして、「それならここまでしかできないよ」っていうのの結果がDIYだと捉えることもできるよね。でも散髪屋と一緒でさ「俺の店から出ていくならボサボサで出ていってほしくないから」って勝手に整髪料つけてくれたりさ、そんで出る瞬間にその髪型グシャグシャって直すって、そういうのってあるでしょ。そういう世界ならまだわかるんだよ。

でもデザイナーと設計士に普通のお店以上の内装代かけて質素なDIY風のもの作るのってなんか変だよね。それって悪い意味で昔の喫茶店からなんにも変わってないんじゃないの。要するに家具屋が柱彫ってルネッサンス調にして、そういうゴージャスな場を売るっていう考え方。［進々堂］** とか［フランソワ喫茶室］*** がそこに来る客のためにこういう内装にしてってっていう一九八〇年代以前までと、それ以降とで「場を売る」ということの意味がぜんぜん違うんだよね。消費というものに関する意識が喫茶店をやる側も作る側も使う側もガラッと変わったんだよ。八〇年代にそれまでのゴージャスな喫茶店が廃れていって、次はカフェバー、プールバーみたいなのがどんどんできて、その後二一世紀にもう一回おんなじことやってんじゃんみたいな。

西海岸で何がすごかったかって言うと、実はエスプレッソマシンをどう改造しているかとかを見たくて行ったんだけど、それ以上に彼らは一義的に経営している感じがあったんだよね。

---

* **シェ・パニース**…カリフォルニアのレストラン。オーナーのアリス・ウォータースの経営方針はその後の地産地消、食育などの考え方にも影響を与える

** **進々堂**…京都百万遍で一九三〇年から営業する喫茶店。創業者が、パリを訪れた際にカフェで議論を交わし読書をする若者たちの姿を見て衝撃を受け、カルチェラタンのカフェをイメージして造ったという。

*** **フランソワ喫茶室**…京都木屋町四条下るで一九三四年から営業する喫茶店。創業者は、戦時色が深まり自由な言論が困難になっていく時代に抗し、リベラルな議論ができる場として、同店をオープンした。

本当のことを言おうとしていて、それがブランディングになっていて、デザインもビジュアルのためではなくって、どういう思想を持っているのかっていうのがわかるような造りなんだよ。まあビジネスの国だからこれからどう変わっていくのかっていうのは知らないけど。

日本であいつらの感じに一番近かったのが「パドラーズ・コーヒー」[*]なんだよね。彼らはやりたい店のかたちがはっきりしているし、あえて自分のところで焙煎していないのも、サービスにおいて何を重視するのかの結果だからバランスがいいんだよ。自分のところで焙煎をしていることを売りにして、それでお客さんが来てると思ってる店にはいい教訓だよね。しかも、「消費者のあり方に憂いて新しいデザインをぶちかましたかっこいい人達」ではなくて、「もうお客さんのあり方には憂うことはないし、そのまま来てくれたらいいんだけどこっちは揺るがないよ。ということはお客さんがその店のデザインに組み込まれるよね」っていう安定感があるんだよね。だから見かけは今時のカフェだけど本質はいい喫茶店と同じ。

実存を懸けてないやつが実存を懸けてるやつを笑うな

まあそういうのも全て含めて喫茶店って、やってる本人たちの考えとは関わりなく文化的だっていうことなんだよね。もっというとカウンター・カルチャー。カウンターっていうのは、決してお客さんに反発することでなく、実はニーズに応えることでもあるんだよね。一時期喫茶店がどんどん減ったけど、また増えはじめているのはそういうこと。何に対するカウンターかっていうと、「資本に消費される」っていう考え方は実は九〇年代なかばくらいで終わっていると思うのね。それ以降、最近のあり方っていうのは個人が自己実現のためにイノベーターがつくったイメージをどんどん消費している。迷える子羊たちがどんどん抵抗しなくなって、何か新しいカッコイイものが出てくるのを待って、その意味が誰にでもわかるようになってようやく、それをちょっとアレンジして簡単に店を開いたり、自己実現のために使っちゃう。もっと深く考えないとあんたがやってることは抵抗じゃなくてただの消費だよ。

そういうものに対するカウンターなんだよ。なぜなら個人の考えやルサンチマンなんかとは関係なく、喫茶店っていうのは街の、あくまでもインディーズな街の構成要素だから。「街の文化としての喫茶店」とか、そんな恥ずかしい言葉は使わないだろうけどさあ、そういうのはもう奥野修[**]さんがやってしまってたんだよ。その上で修さんみたいな、僕が思うところの本格的な文化の人がやってきたこととは反対のことをやらないとダメだと思ったんだよね。だからある意味お客さんを犠牲にしてでも、誰よりも美味しいと言わせるようなコーヒーの研究をする方向に走ったんだよ。

---

* **パドラーズ・コーヒー**…アメリカ西海岸の街、ポートランドを代表するコーヒーロースター『STUMPTOWN COFFEE ROASTERS』の豆を取り扱う日本唯一の正規取扱店。二〇一五年四月、旗艦店を渋谷区西原にオープン

** **奥野修**…六曜社地下店マスター。オクノ修名義でシンガー・ソングライターとしても活動する。

繰り返すけど喫茶店はいい部分も悪い部分も含めて文化的なんだよ。一流のレストランでも文化的な存在ってなかなかないよ。「キャンティ」*とかそういうケースもあるけど、あれは多分当時あんまり知られてなかった「なんとかのジェノベーゼ」みたいなものを体験しに行くみたいな意味合いが大きかったんじゃないかな。食うための店、っていうのはやっぱり文化的とはいえないよね。でも当時の僕はそっちの方をやりたかったの、レストランみたいな感じでコーヒーを出すような。それもやっぱり修さんの存在が大きかったんだよね。

自分にとって実存主義ってやっぱり重要だと思う。実存を懸けていないことを武器にさあ、実存を懸けている人を暑苦しいとか行って笑う風潮が出始めたときのことを覚えてるんだけど、丁度「サルまん」**とかが出てきた時なんかすごい嫌だったの。そのへんからなんか消費のあり方も変わってきたような気がするんだよね。島本和彦***っていう漫画家が大好きでさあ、実存を懸けすぎておかしくなった人、つまり漫画家自身が笑われているような状況を描いているんだよ。一方で「アニエス・ベー」とかがさあ、ミッシェル・フーコー****とかをブランドイメージに使ったことがあったけど、それによって俺らは難しいものをファッショナブルなものとして説明できる力を得たんだよね。

とにかく文化としての喫茶店を切り盛りするのであれ、コーヒーの味を追求するのであれ、僕は実存懸けてやっていないものにはどこまでも懐疑的なんだよ。

---

* **キャンティ**…一九六〇年創業、飯倉片町のイタリア料理店。ミュージシャン、俳優、作家など多くの文化人が訪れサロンのような店だった。

** **サルまん**…相原コージ、竹熊健太郎共著『サルでも描けるまんが教室』の略称。一九八九年から九一年の二年間「ビッグコミックスピリッツ」誌上にて連載された、パロディやメタ的な仕掛けが盛り込まれた漫画入門漫画。

*** **島本和彦**…漫画家。代表作に『炎の転校生』、『アオイホノオ』など。

**** **ミッシェル・フーコー**…（一九二六—一九八四）フランスの哲学者。主な著作に「狂気の歴史」、「地の考古学」など。

第二考——豆を買うことについて

「美味しいコーヒーは、自分が美味しいと思うコーヒー豆を買わなければ飲めない。」

どう栽培するかが九割

「パチャママ」*やっているときは「玉屋珈琲」**っていうところから卸してもらってたの、焼き豆を。そのうち修さんに教えてもらって、同じところから安くで生豆を売ってもらうようになった。それを手網で焙煎してさ。「今日はオレが焼いた豆あるよ」なんてちょっとずつお客さんに渡すようになってきて。当時はまだ生豆を仕入れる選択肢自体が少なかった。店やめて自分でやりだしてからは、いろんな情報を仕入れたんだけど、いいとこ（業者）なんて実際あったのかな？　当時は当然農家から直輸入するなんてこと出来ないし。最近スペシャルティの人がやってる共同購入っていうのは、結局農家との間に立つ人がいて、その人が注文店をとりまとめて仕入れるわけなんだけど、問屋やインポーター主導の売り買いよりは格段によくなったんじゃないかな。ただ、かつては問屋とのやり取りで材料の目利きや安いものから良い豆を探す力を鍛えるというメリットもあったし、コーヒー店からの誘導ではなくお客さんのニーズ、ただしどのお客さんのニーズを信用するかは精査しないといけないけど、それにあわせて豆を探すことでその店の味の共通言語が、ローカルで人情的なコミュニティーのなかで生まれたことも忘れてはならないこと。

個人単位で輸入する人っていうのも昔からいるんだけど、焙煎で飯食っていくためにはやっぱり何トン仕入れないと駄目なんだよ、っていう話だし、その規模の食品の輸入っていうのはやっぱり輸入のプロがいないと出来ないことなんだよ。農場の人間とどんなに仲良くなっても、向こうからしたら俺らのようなマイクロロースターっていうのは、取引上何されるかわからないようなよくわからない存在だし、よほどの信頼関係がないと個人規模での取引は難しいんだよね。アメリカで焙煎やってる連中は距離が近い分、年三回とか南米を訪れることができるからそういう意味では有利かもしれない。だったらわれわれ日本の焙煎人はアジアに良い仕入先を持ちたい。今なら農園と協働できることがいろいろあると思う。近い距離の農園であればコミュニケーションの回数が増えて信頼関係ができる。例えば焙煎人が、年ごとに異なる味の修正について発言できたりね。これからは個人のロースターが、農園と協働し、輸入から焙煎、販売にまで関わることで、味を作っていくような時代が来るだろうね。

生豆の良し悪しっていうのは、栽培の環境ももちろんだけどどれだけ丁寧につくるかだよね、原産地が。栽培だけでなく加工する部分までが原産地やその地域コミュニティの仕事だから、

---

* パチャママ…京都市中京区の喫茶店。かつて常連だったオオヤは二〇代の頃、同店を譲り受け経営に携わる。
** 玉屋珈琲…昭和二六年創業、京都のコーヒー販売店。喫茶店やレストランに焙煎豆を卸している

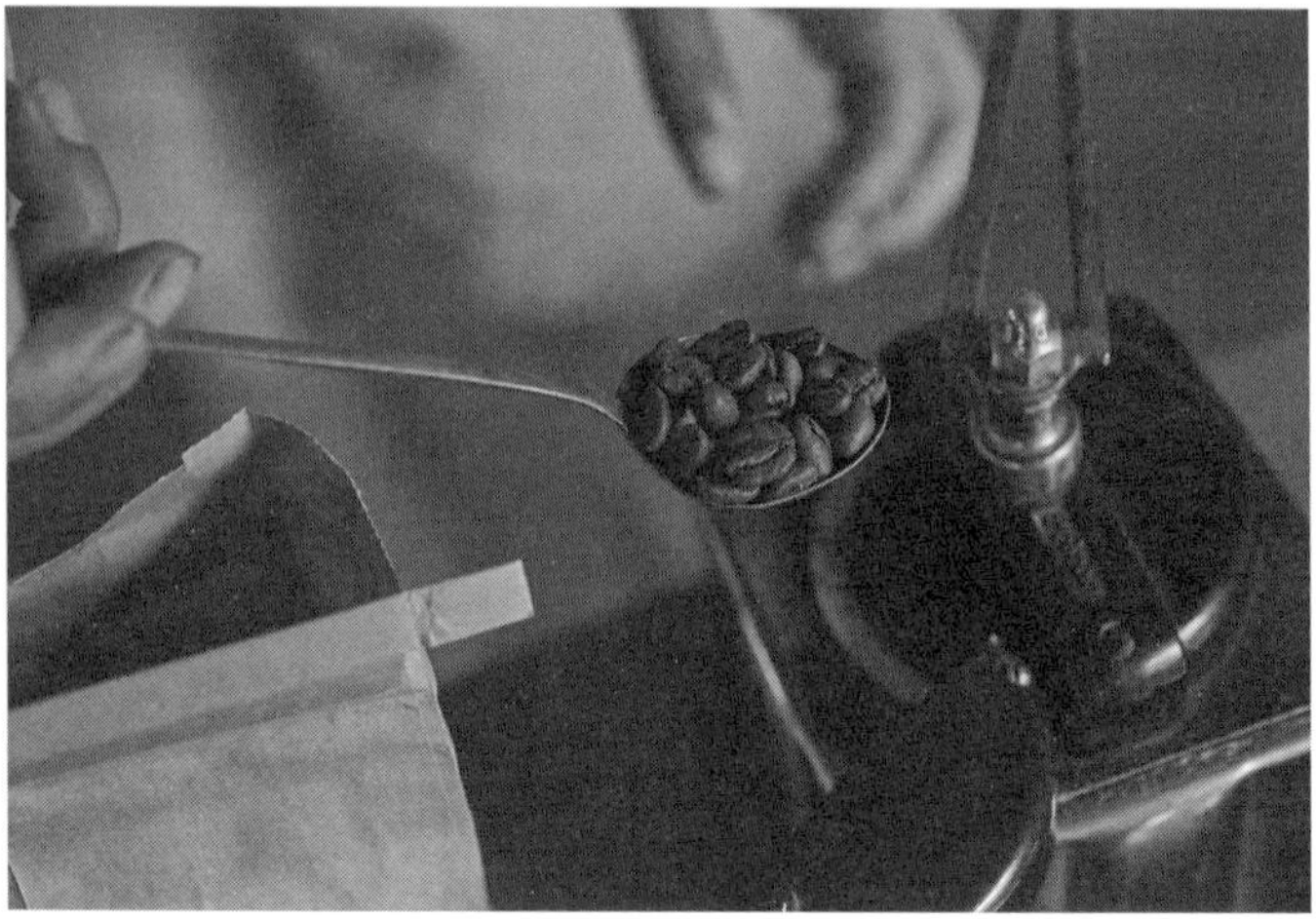

その技術も当然関わってくる。ブラジルって別に良い豆ができる土地だというわけじゃないの。ただ、脱穀とか豆を洗うという作業においてすごいオリジナリティを発揮したの。脱穀方法は大まかに言うと「ウォッシュド」っていって水で洗って植物のいいところをしっかり出すっていう方法と、「パルプドナチュラル」っていう半分水で洗って果肉を除去して、天日乾燥させる方法、あとは天日乾燥し、果肉の要素を水で洗わずに摩擦で取り除くことによってコーヒーに果実の風味を残す「ナチュラル」という方法。おおきく三つの手法がある。

ブラジルって、一九五〇年代に自国のコーヒーシェアがグローバルな競争に晒されたこともあって半減したとき、コーヒーの精製法とその味を、マニュアル、ブランド化したんだよ。主に「パルプドナチュラル」法を用いて、これがブラジルの味だというテイストを人工的に作り出した。ブラジルって基本美味しいものは全部、巧みな加工の味。でないと日本の何十倍もあるあれほど南北に広大な国土で一つの国の味っていうのは矛盾するはずだよね。なのにサントスという一箇所の港から出すことで銘柄を作って、カップテイスターが農林水産省的な機関が指定する味になっているかを厳密にチェックして、等級付けて、ブラジルの来るべき新たな産業にするために必死になったんだよ。マンデリンもよく似ていて、プロセッシングからドライまでの行程で味を作り上げる部分が多い。これも一種のテロワールだと思う。

ワインや日本酒なら普通のことだけど、生産者と焙煎する者が、生産や乾燥などのプロセスにおいて協働しながら一緒に原料を加工するという意味では、コーヒーにももっと工夫の余地があるんじゃないかな。品種で味を表現するとか。コーヒーの味ということでいうと九〇%は産地がどう栽培・加工するかにかかっていると思う。あとの九・五%くらいは焙煎。ドリップっていうのはあんまり大きくないんだよ。じゃあなにやってもいいっていう話ではないんだけども、家で自分で飲むときのウェイトがそんなに大きいのであれば、お味噌とか鰹節とおんなじように中間加工品として流通させる資格はないはず。ただ、表現しにくいんだけれども、それを一個人の人生の話とするならば、ドリップの良し悪しとか、風味豊かに味噌汁を入れられることっていうのは、ものすごくウェイトが大きいことだと思う。ただコーヒーを美味しく飲むという全体的な過程においてはドリップは美味しい不味いに関しては大して重要ではない。これは要するに客観と主観の話でもあるんだよ。客観的に栽培されたり中間加工されたものを主観的に扱うのがお料理。「客」とか「主」とか、もしかして味わうということは茶道あたりにルーツがある、とか言うと尊敬されたりしてね。

資本は「美味しさ」のために資本を投下しない

産地に重きが置かれるのであれば、そこに資本を投入すれば美味しいコーヒーが提供できる、巨大資本こそが有利、というのはある種正論かもしれないけど、資本は常に「美味しさ」のために資本を投下するわけではないから、現実はそうじゃない。資本は売上のために資本を投下するものだから。でもコーヒーにおいていろんなことが変わりつつはあると思う。一〇〇％ではなくとも三〇％くらいは「美味しい」がブランドになる時代になってきているから。中産階級が増大したという意味において、それは素敵なことでもあるけれど、フタを開けると実際は醜い。単に消費者が増えただけとも言えるから。消費者が民主主義の名においてグルメを語ったり、貴族の真似事をしても許されるというのは間違ってると思う。例えばスペシャルティ以前のコーヒーは、広く消費者を潤し同時に生産者を苦しめてきた。それに対してスペシャルティみたいな「特別な」コーヒーは中産階級の憧れを煽るんだよ。煽られた中産階級が多ければ多いほど、結果的に無名の権力者たちを養い、中産階級は貴族階級を切り刻んでしまう。なんか酷いよね。ただ、この一〇年において貴族的なものを志向する消費者たちのルサンチマンを超克するような動きがスペシャルティコーヒーや自然派ワインなんかの世界に見られるようになってきたんだけどね。

深い浅いは相対的な物差し

基本的に同じ農園で同じ日に収穫された、まったくおなじエチオピアのイルガチェフというところの豆を、もし産地の名前で豆を買ったとしても、焙煎度によってまったく違う味になるわけ。だから焙煎度っていうのが産地と同様、好みの味に近づくための判断基準としては重要になってくる。焙煎度って何かルールが決まっているわけではなくて、「俺が深だとおもっている」というのが深煎りで、あんたにとっては深くても僕にとっては浅いんだよとかそういうこともあり得る。焙煎度における各メーカーの味の違いこそが個性であって、誰と小さなコミュニティを形成するかの始まりなんだよ。

SCAJ、*いわゆるスペシャルティと言われる人たちは、それを言語化しようとしているわけだけど、焙煎度合いだけでなくて「アシディティ」がどうたらこうたらとかって、複雑なことを言えば一応味を共通言語に近づけることになる。でもそれはあくまでコーヒーマン養成プログラムだよね。教育される側は段階をクリアしていくから、反対に客の前提がそれを「クリアしていない人」になりがちで、教え口調というか、そういうマインドでサービスする人が増えていく。今に始まったことではないけど、スペシャルティ以降の「教えマインド」が低年齢化していくのは実感するし、それと同時に知識の更新の可能性が停止してしまうんだよね。コーヒーの歴史においてとても大きなハードルを越えた先人たちの子どもたちの根拠なき傲慢さと、大人と同等だと思いたがる子どもたちの自己肯定願望なんだよ、そんなもん。

結局、スペシャルティっていうのは商品化のための共通言語ではなく、焙煎テクニックとか

---

* SCAJ…日本スペシャルティコーヒー協会の略称。スペシャルティコーヒーの競技会主催、情報発信など、その普及と発展を目的とした協会。

味わう技術とか、コミュニティ内のことだと思う。コミュニケーションするとマーケットが活性化するという意味での共通言語化。でも、まあたぶん無理だね。だってワインの世界でもずーっとそういうことやってきてるけど、全然一般的には定着してないしね。やろうと思えば無理やりできるのかもしれないけど、みんなもっと馬鹿になるつもりなの？　って思うね。例えば腕のいい魚屋がさ「焼き魚いいの焼けてますよ」って、「ご主人高血圧だそうだから塩分控えめにしといたから」とか言われて買うんだけど「あいつの塩分控えめってあてになんないんだよなあ、魚の目利きはいいんだけどねえ」とかいう世界が楽しんじゃない。そこで推し量って、しょっぱいの食べたい時に、あいつの塩分控えめでちょうどいいからって、そこで買ったりするのがいいんだよ。

加えて言うと、SCAJって、あくまで植物としてのコーヒー、ようするにジュースのイメージを喧伝して素材の味を活かすという意味で、焙煎の役割を固定してしまったんだよ。「調理する」という意味での焙煎はいまのところ存在しないことになってる。いずれにせよ、焙煎が「ある味を残す」ための行程なのであれば、コーヒーは国名ではなく品種で認識されるべき。とにかく国の名前でコーヒーの豆を選ぶのは辞めた方がいい。浅焼きのエチオピアでもウォッシュド、要するに果肉を洗いながしているものを飲んで美味しかった人がガールフレンドに「すごい美味しかったんだよエチオピアモカ」っていう話をしたとして、今度彼女が同じエチオピアでもナチュラルの深焼きを買ってきて一緒に飲んだら全く違う味で「これじゃないんだよ」ってなるよね。産地の名前なんて全然あてになんないはずなのに、それがまかり通ってるんだよね。まず品種があって、それを栽培する国や土地がある。本来は国名よりも品種の名前の方をオープンにすべきなんだよね。

豆のタイプを四分割して考える

美味しいコーヒーを飲みたいから勉強しているのであれば、肝心なところは結局自分が美味しいと思うコーヒー豆を買っているかどうかなの。それさえ買っていればそれが道具とかいれ方で嫌いなコーヒーにはならない。もし嫌いなコーヒーになったのならギリギリ好きなコーヒー豆を買っているから、テクニックやお湯の温度による多少の変化に影響されてしまうんだと思う。コウノだとカリタだとかの違いとかいい出すとキリがないから。そんなことごちゃごちゃやってるんじゃなくて、自分が美味しいと思う豆を買うっていうこと。その基準っていうのは二つの要素。どれだけ豆が焦げているのか、焦げていないのか。ナチュラルなのかウォッシュドなのか、脱穀精製のプロセス。

プロセッシングって業界内では当たり前のように語られていること。嫌味のある強烈なナチュラルも、上品な味わいのナチュラルだってあるのに、商品化される際にナチュラルかウォッシュドかが説明されないことがまだまだ多いんだよ。「どこどこのナチュラル」ではなくて、ウォッシュドかナチュラルか、その加工法自体でまず好みが別れる。それを説明するのがメーカーとか目利きの仕方で、それによって信頼できる作り手、売り手を選べばいい。ウチの豆は、きちんとプロセッシングも表記するし、なんなら「焼いてから一〇日目のすごく癖を感じる状態です」とかそういう提案までするようにしている。

どれくらい焦げているか、どれくらい焦がしていないか、さらにはプロセッシング法がナチュラルかウォッシュドなのか。その四種類の分け方で好みを追求すれば間違いが少なくなるはず。もっというと、「パルプドナチュラル」とか、「ケニアスタイル」と言われるようなブラシで果肉を洗い流すようなやり方もある。これからマスメディアがコーヒーのことに興味を持ってくれて、食材としてのコーヒーをみんなと共有できるなら、プロセッシングというのはもっともっと語られていくべきだとおもう。それによって今日飲みたいコーヒーとか誰かにあげたいコーヒーとかを選べるようになるはず。

ちなみにナチュラルの嫌な味、養命酒みたいな漢方みたいな味。これ、古くなったチョコレートからこの味がするのわかる？　特にブルーム*っていってチョコレートの表面から白くなって脂と分離したときにするんだけど、そういう味。チョコレートってカカオを果肉を付けたまま発酵させて、その匂いをつけることと焙煎によって味をコントロールする。要するにナチュラルのコーヒーとチョコレートって製造過程が似てるんだよ。善く焦がしたチョコレートは苦くて、あんまり焦がしていないチョコレートは酸っぱい。チョコレートとそっくりなナチュラルのこの独特の匂いって、果肉が発酵した時に出るものなの。

第三の基準

豆選びの基準にあえて付け加えるならば、もう一つの基準は「メーカー」だね。誰がどんな気持ちで何を考えて作ったかということ。美味いまずいとか、エレガントかどうかなんてのはもっともっと遠い話だけど、まずこの三基準が好き嫌いを決める最も大事な要素だと思う。まず最初に嫌いなコーヒーで悩まないためにはコーヒーの焙煎度合いを知ること。次にどんな風に加工された豆を使っているか。その次にメーカー。僕が中焼きって言っているものを、他のコーヒー屋さんは深焼きっていうかもしれない。そのことをどうやって知るか、それを知っていく楽しみっていうのは味わう人の特権でもある。

果物の種を洗って乾かして、それを加熱のみの加工で作った食材をコーヒー豆と言う。だからおんなじ色のものはだいたいおんなじ焙煎度合いなの。ただ、もう一個大事なことがあっ

＊ ブルーム…高温にさらされることで、ココアバターが溶けて表面化し、その後冷める際に表面が粉を吹いたように白くなる現象。

て、おんなじ色のおんなじ焼き具合のものでも味の重い軽いには度合いがある。例えば買って美味しかったものと同じ焼き色の豆があったとして、それを指でつぶして比べてみて、柔らかければソフトな口当たり、堅いと力強い。それが焙煎人の個性だから、メーカーを選ぶっていうのは大事になってくる。どういうところからどういう豆を買おうとしているのか。イデオロギーとして買おうとするのか、味として買おうとしているのか、コストパフォーマンスとして買おうとするのか。そういう幾つもの要素が絡むことによって、どういう世界に生きているかがきまってくる。ソーシャリティーなブランドなのか、そうじゃなくてファッショナブルなブランドなのか。そういうことのパズルの組み合わせみたいにして選択していくのが大事。「ろucca」と「コム・デ・ギャルソン」どっちが素敵かっていうのはある種思想の問題でもあるんだよね。

わかんなかったら、お味噌買うときと一緒で「こういうパッケージのお味噌ってなんか好きなんだよね」っていう判断基準が意外と当たってたりするんだよ。大体ね「育むように」とか「コツコツと」とかパッケージに書いてそうなのは、焙煎が下手で貧乏くさい。素材にあんまりお金をかけない傾向にある。「こっちはちゃんといろんなことを研究してやってます」みたいなパッケージとか、ワイルドでラフでフレンドリーなお店の豆はだいたい酸っぱいとか（笑）

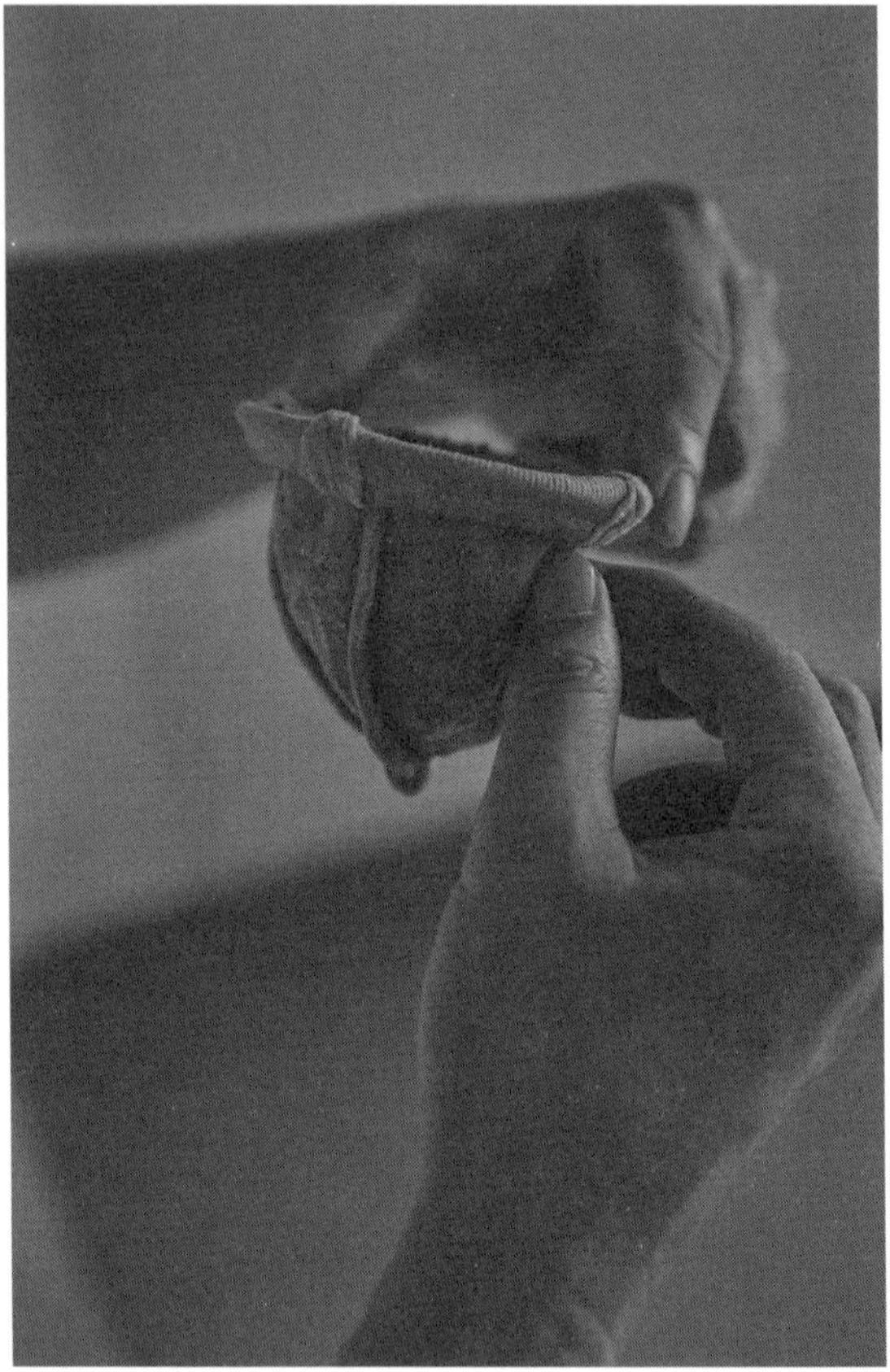

第三考——ドリップすることについて

「ダシをとるという調理法」

膨らんでも膨らまなくても

ドリップのことを説明する上で、まず道具はザクッというとなんでもいい。使ってて気持ちよくて、みなさんのおしゃれな台所にふさわしいものであればいいと思う。要するに適正な量の細かさのコーヒーの粉に、適正な温度のお湯を注いで、適正な時間を置いてから濾して飲むのが一番美味しいんだよ。あとで話すけど、「適正」っていうのは一点ではなくある幅の中にある量や温度のことね。

ドリップなんてするから美味しくなくなる。百歩譲ってプロがやるのは、一回一回のお料理とか、デザートとか、お客さんとの相性に対してほんの僅かでも何か調整してあげる誠意を見せる効果はある。どのみち濾すのであればコーヒー豆をお湯に浸して、ペーパーで濾したものが美味しくなるように、お湯の温度や量、粉の粗さをコントロールするほうが絶対にいいのよ。あんな変形したトリッキーな調理道具を使って淹れないといけないってなんか不思議でしょう？　サイフォンも含めて大部分はパフォーマンスなのに、お客さんから見えない場所で隠れてドリップしている店があるとすると、それは不思議なことなんだよ。ドリップすると違うっていう先輩方もたくさんいるんだけど、それはお金や時間をかけて職業として訓練している人の話で、忙しい人が家で美味しいって飲むために選ぶ方法じゃないんだよね。ドリップすることで粉が膨らんだり、いい香りがしてきたりそれを喜ぶ人はもちろんいるし、それならそれでやったらいいとは思うんだけど。

膨らむっていうのはあくまで目安で、膨らむコーヒーが美味しいっていうのは嘘なの。膨らんでも膨らまなくても美味しいコーヒーはあるし、膨らませようと思ったら簡単で、熱いお湯を室温の状態のコーヒーの粉で淹れるでしょう。そうするとコーヒーの粉と粉の間に入ってる空気が膨張するから膨らむわけ。でも挽きが粗かったら粉が上がってくる空気を抑えこむ力が弱いよね。コーヒーをドリップする時に、挽いた粉が粗くってガスが抜けていくとはどういうことなのか、粉が細かくってお湯が下の方までなかなか降りていかないっていうのはどういうことなのか。そういうことを論理的に考えなければならないの。決して膨らむから美味しいという訳ではない。でもみんなドリップする時に粉が膨らむのが好きだよね。味のポイントが一〇段階あったとして、お客さんを喜ばせるためにうんと膨らんでいるところを見せてあげることによって、それが七くらいになっちゃうことだってある。でも膨らんでいるのを観たということで、一五くらいの評価をくれたりするんだよね。消費者はパフォーマンスで飲食を過剰評価している自覚をもっと持つべき。

料理はからっきしだけどコーヒーは得意

膨張した空気を貯める力が粉にあるかないかは細かさとか油分とか、豆の焼き加減に関係してくる。「浅焼きは膨らまないんだけど」という人がいるけどそれは要するに深焼きの豆を挽くときと浅焼きの豆を挽く時とでミルの挽き目を変えていないんだと思う。深焼きは膨らむミルの設定で浅焼きを挽くと、浅焼きってようするにあんまり焼けていない豆だから、材料として堅い。だから同じ挽き目でもより荒いものが出てくる、そうするとドリップする時にガスや膨張した空気が抜けていって膨らまない。こういう細かなことに対するアイデアとか注意力って、みんな日々の味噌汁とか日々のおかずをつくるときには発揮してるはずなのに、これがいざコーヒーのことになると発揮されない。これは一重にわれわれの二世代くらい上の、一九七〇年代くらいに発言権があった人たちが本当のことを言わなかったからじゃないかなって思ってる。本当はコーヒーを淹れてお客さんに出すという「業務」は誰にだってできるようなこと。人気店のマスターになるっていうのは別の話だけど。その人たちがわからない人達になぞめいたことを言ったりして、「コーヒーを家で飲めるわけないよ、それでも飲むなら売るけど、じゃあ、俺の言うとおりやってみなよまず魔法の穴を開けて…」とか。コーヒーの焙煎なんか味噌作りに比べたら大したことやってないんだよ。だから味噌やカツオブシに対してできるアプローチをコーヒーに対してできないはずがない。コーヒーに対してこれはどういう素材でどういう風に料理をすればいいんだろうと考えた時に思いついたことってだいたい正解なんだよ。本当は毎日家族や自分のためにちゃんとご飯を作っている人なら確実に美味しくコーヒーを淹れられるはずなの。よく料理はからっきしだけど、コーヒーは得意なんだととかいうけど、そういうことはありえない。

少なくとも好きなコーヒーが嫌いになったり、嫌いなコーヒーが好きになったりっていうことがドリップの善し悪しによっておこることはない。濃くなったり薄くなったり、エグくなったり。エグいコーヒーが嫌いっていう人もいるんだけど、そういう人は大抵自分が好きなコーヒーがエグくなっててもそれは好きって言う。何かと比べての話としては、もちろん良かったり悪かったりする。いつも安定するのがプロの仕事だとかいうけど、そんなコーヒー屋さんはみたことない。俺の尊敬する師匠たちやスターたちがたくさんいてそういう人のコーヒーも結構飲んできたけど安定なんて全然してないよね。

ドリップでできること、できないこと

ざくっというと、コーヒーって三段階の味があるの。デミタスと、美味しい出がらしと、美

* デミタス…一般的には一カップの半分という分量を指す用語だが、ここでは「純粋なコーヒー液」を意味する。

味しくない出がらし。三つのものが混じってコーヒーって出来上がっている。これは化学的な検証ではないんだけど、大体の人の焙煎した豆をドリップして飲んだとき一〇グラムで三〇ccの純粋なピュアなコーヒーが出ます。その後すごくまずくってエグ味の原因になる出がらしがでます。それがだいたい五〇〜六〇cc。その後出がらしの出がらしみたいな無害なものが出てくる。本当は最初の三〇ccの後の五〇ccを捨て、後の出がらしで混ぜれば結構美味しいコーヒーができる。ドリップするのであればそういう調整はできるよね。

でも原理的にはお茶と一緒で、粉いれて、お湯入れて、蓋して、かきまぜて、それをペーパーで濾しちゃえばそれでコーヒーはできる。ドリップする代わりにこの方法で淹れれば、朝、普段はドリップしている時間を利用してトースト一枚焼けるよね。豆を何グラム使えばいいんですかなんて、それは自分で調整すればいい話。粉の量で不味い美味いは左右されない。自分の好きな豆を選んでいればその濃いか薄いかの違いなだけなんだから、それは一度いれてみて徐々に調整すればいいと思う。抽出時間が長ければコクみたいな奥行きが出て、短ければその反対。

じゃあなんでオオヤさんはなんでドリップするんだよっていうとさあ、建前として言うと、ひとりひとりお客さんの顔見ながら味を変えて淹れていくことが仕事としてやりたいからなのかもしれない。余裕があればね。コーヒーの値段をあと一〇〇〇円高くしていいのならば、鮨屋

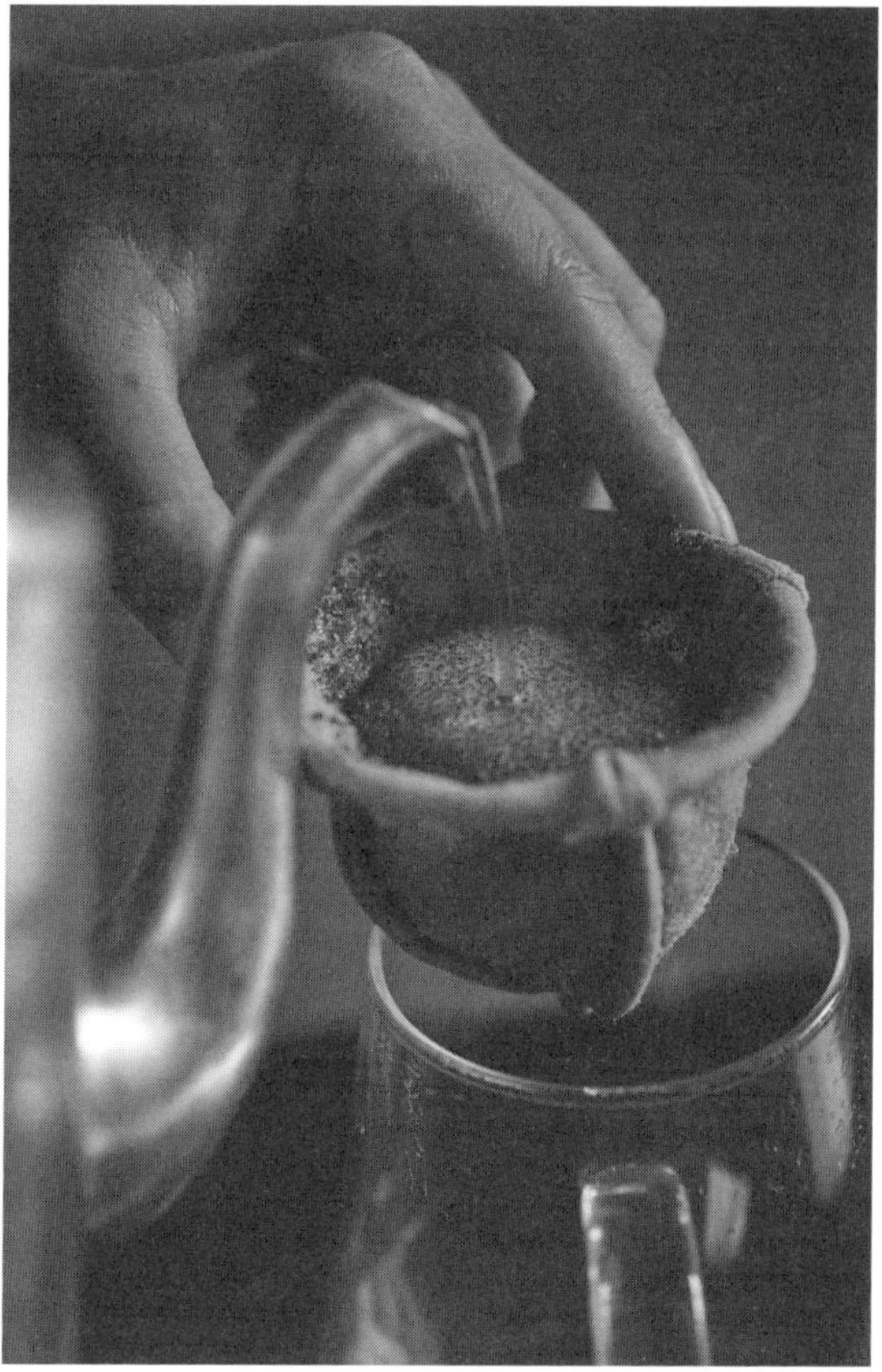

みたいな感じでそれをやりたいね。ドリップの名人とか何十年もコーヒーの仕事やっている人と同じ風に家でいれられるわけないじゃない。だったらある程度の味が出せればいいし、この淹れ方でも本当は充分。

ドリップも、漉していれるやり方もどちらも同じとして考えてみる。まず自分の好みの豆を手に入れていることが大前提。その上でわれわれは台所において、淹れ方でなにがでるか。まずはお湯の温度。その前に、昔からの伝説で「湧き水を汲む」っていうのがあるけどこれはまったく意味がない。「美味しいねえやっぱり水が違うの？」とか言う世代がいるんだけど、これが困るんだよ。実際は水道の水なんだから。硬度の高いミネラルを含んだものは何かを抽出する調理には適さないんだよ。水の硬度が高いとコーヒーのエキスが美味く出ない。関西と関東とでは水質はそんなに変わらないとか言う人もいるけど、何かを抽出するという意味においてはものすごい差がある。三重から東は昆布出汁があんまりないよね。米も堅く炊ける。だから三重から東はお蕎麦とかお寿司の文化が発達している。アルデンテもそうで、茹ですぎないということではなくて、硬度の高い水で茹でるということ。お蕎麦も要するにアルデンテで、そばの風味が水に逃げずに噛んだら風味があるっていうこと。だから、ミネラル水でない限りにおいては、お湯が熱いかぬるいかが味を左右する最大の要素。

次に粉。細かいか粗いかがまずひとつ、もうひとつは量が多い、少ない。あとは抽出、つまり調理時間が長いか短いか。われわれが入手したコーヒー豆に対してできることってこんなもん。お湯が熱い、粉が細かい、量が多い、抽出時間が長い、これ全部コーヒーが濃くなる要素。その反対に、お湯がぬるい、粉が粗い、粉が少ない、抽出時間が短い、これは全部コーヒーが薄くなる要素。単純な二方向のベクトルだけじゃなくって、抽出時間が長くなればなるほどその間にお湯はぬるくなるよね。そういう時間を伴う奥行きの要素も加わってくる。立体的でそれぞれ相反する条件の間に「美味しい」範囲があってそれをはみ出すと美味しくなくなる。反対に言えば、自分が美味しいと思う食材を入手できた限り、やりすぎとやらなさすぎ、そして奥行きを含めた立体の範囲にあれば基本的には美味しくなるはずなの。料理には「美味しい」という絶対的な一点は存在しない。あるのは不味くなる可能性のある二つのベクトル「やりすぎ」と「やらなさすぎ」。この客観的な二点をはみ出さない範囲に主観的な「美味しい」が存在するはずなんだよ。ただ、まれにトゥーマッチが必要とされる局面があって、その評価もまた「美味しい」なんだよね。

自分の「美味しい」をつくる

例えばエグ味やよどんだ苦味が強い、と感じたら、粉を粗くするといいたいところなんだけど、粗くすればするほど湯に溶けやすいタールであるとかが出やすい表面の部分が大きくなる。加熱加工したものからケミカルな味がする場合はだいたい表面から出てくるもの。表面とは酸

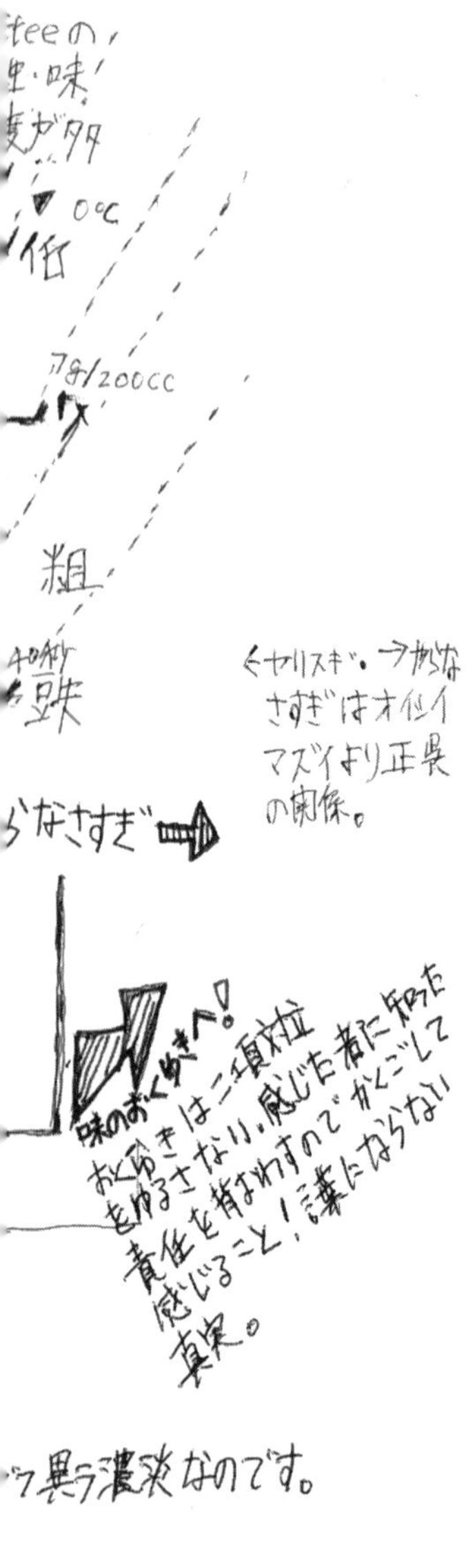

味の奥行きを調理することはオトシ手の個性の表現個性の表現で飲み手の個性の真の尊重であるのです。（オオヤ・図）

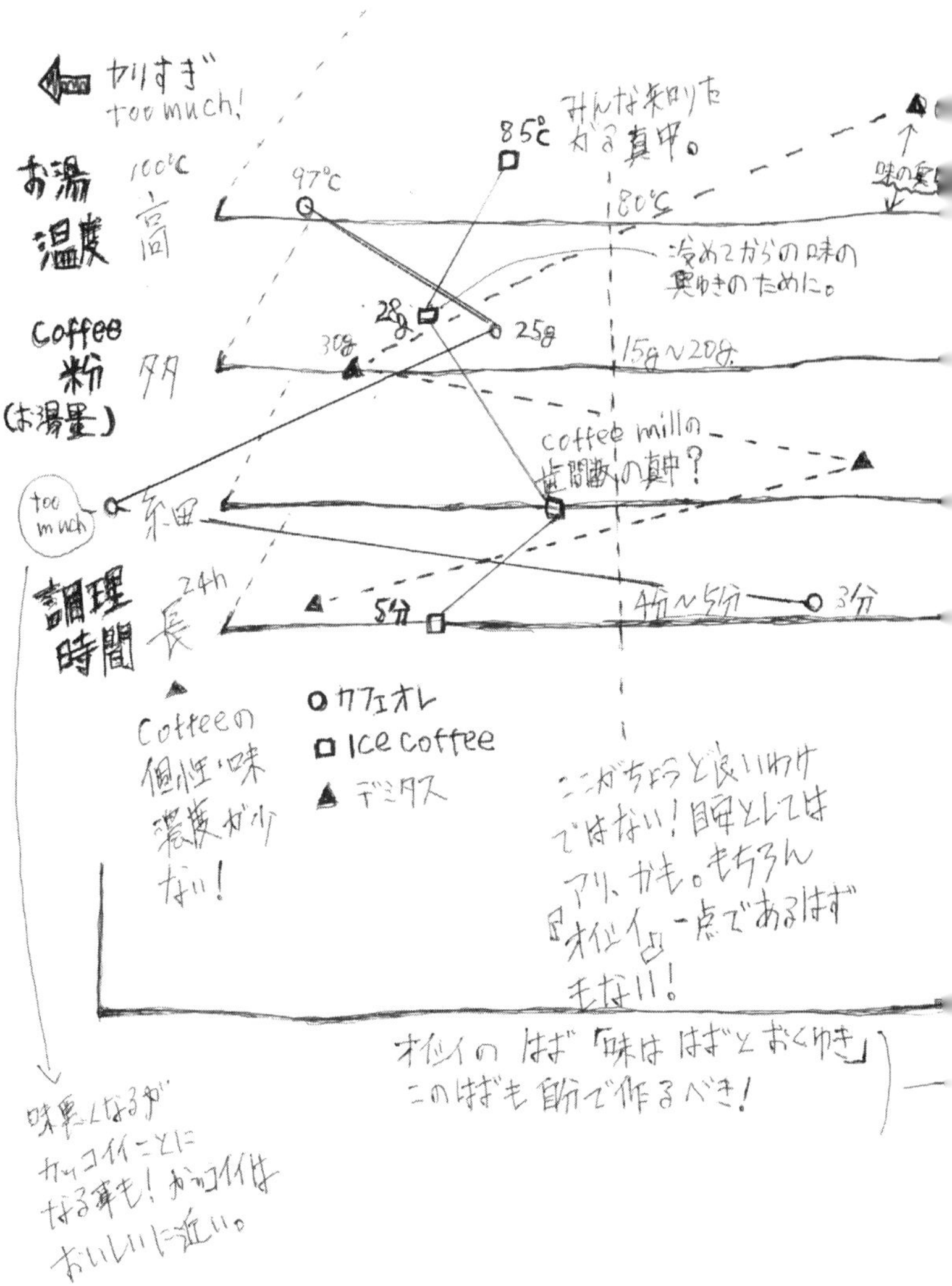

味の奥行を伴う約四本の調理ライ[ン]は同じ様に個性の濃淡を示し

化するものだから。だから粗くしすぎるとジュースが出ない上にケミカルな味が出すぎるから、粗さはほどほどにしておいて、お湯を少し冷ます。もしくは粉の粗さをそのままでいくときは、ジュースを出しやすいようにお湯を熱くしてみる。ただ、温度を高くするということはダメージが大きくなるということで、これはいかにダメージを少なくするかというといいお料理の法則と相反していくんだよね。お湯を熱くすればするほどダメージが大きくなるから、ほどほどの粗さとほどほどの熱さで調整しつつ、粉の量自体を増やしてみる。で、同時に調理時間を長くすることで味を調整するとかさ。

こういう風に考えていくと美味しいっていうのは教えられるものじゃなくて、自分で工夫しながら作っていくものなんだよ。さらには、「美味しい」範囲をはみ出さない中での調整の仕方は直接その店や人の思想みたいなものと関わってくる。そのことも踏まえて「美味しい」っていうのは人それぞれだ、っていうのなら分かるよね。

焙煎度合いやプロセッシングで決まった味を、ドリップや淹れ方で微調整することはできるけど、自分が嫌いな酸っぱいコーヒー豆を苦い味にするとか、道具を変えることで好みに近づけるとかいまだにそういうことができると思っている人がいるみたいだけど、そんなことはありえない。淹れ方で好きになったり嫌いになったりするということがあったとすれば、それはその人が好みギリギリのラインの豆を選んでいるからだと思う。

ひとつの調理器具の中で時間差を起こさない

結局何がいいたいかというと「お料理だよ」ということ。ドリップするということは水分ゼロの食材からジュースを抽出する。そのために何をするかということ。そのために例えばドリップする時に蒸らして絞って流す。その三つのこと。蒸らすって何かって言うと、からっからの水分ゼロのコーヒー豆に水分を吸わせて、ジュース化させて、次の一滴の重さで絞り出される状態をつくる下ごしらえ。大事なのは蒸らしをする時にドリッパーの下から最初に出る水分はコーヒーじゃない。なんでかっていうとコーヒーはジュースだから、ジュースが出るための下ごしらえしている時に出た水分はコーヒーじゃない。だからそれを捨てる。蒸らしは上の一粒から下の最後一粒まで均等にお湯を行き渡さなければならない。なぜならひとつの調理器具の中の食材は一定に調理されなければならないことはすべての調理において重要な基本だから。上が湿っているけど下は乾いているとかはありえない。それを徹底するにはかならず下から最初に数滴出るのを確認することなの。最初の数滴が出た後に、匂いが美味しい感じに変わります。それがあがったということは、美味しいものが出てくるということなの。だいたい時間にして二〇秒とか、さっき話した調整法でぬるいお湯で出そうという局面だったら四〇秒くらいかな。上にお湯は少なくって下からポタポタ出てくる状態までに。その後しばらくしていい匂いが消える。一〇グラムに対して三〇ccのコーヒーが下に出る、そこまでがデミタス。ものによっては三五ccになる場合もあるけど、その後は出がらしで、薄めているわけだから、体調が悪いときはそれよりもデミタスをお湯で薄めたほうが腑に落ちるというか、美味しかったりする。真ん中の出がらし五〇ccを捨てて、最後の出がらしの出がらしで薄めてもいいと思う。紅茶もカツオも同じなんだけど、基本出汁をとる食品っていうのは、美味しいところがなくなって味が薄まっちゃうまでのところが一番不味い。

みんなギリギリのキワの部分ばっかりやるんだよ。半分のフィルターの境目の部分ね。キワなんて粉が一番少ない部分なのに、なんでそんなことに時間と労力かけてアイデンティファイするんだよっていう。日曜日の朝にさあ、朝日新聞読みながら、「勘定奉行におまかせあれ」とか会計ソフトのCMが流れるような番組観ながら歳ごろの娘の前でコーヒー淹れたくなっちゃうんだよ、お父さんが。で、すごいアクロバティックな感じでドリップしてみせるんだけど、理論がないんだよ。そうやって美味しくなってるはずなのに、家族のみんなに「なんか苦いよ」なんて言われて、「気分が悪い」って結局パチンコに行っちゃうんだよ。せっかく社会派の番組にチャンネル合わせてリベラルなテレビ番組観てるのにさあ。そんなお父さん戦争行ったら二等兵だよね。現状把握と、自分と敵との行動分析に神経をすり減らさないと戦場を生き抜いて家族の元までは帰ってこれないからさあ。だからそういうお父さんのためにも絶対に戦争もドリップもやらないに越したことはないんだよ。知識と備えの外交努力で戦争を防ぐのと同じく、ドリップも粉を漉すだけ簡単抽出だよ。それがラブ・アンド・ピースってこと。だから戦争とかない方がいいんだよ、絶対。

第四考——コーヒーを味わうということについて

「コミュニティの中で「美味しい」の合意をつくる」

そこにインスタントコーヒーがあれば

はじめてコーヒーが美味しいと思ったのは、ウチでインスタントコーヒーに砂糖とクリープを入れて飲んだ時、ああ美味しいなあと思ったね。それでもカルピスとミルクティーがあったら先にそっち選ぶし、コーヒーが一番最後の選択肢だったんだよ。ココアが一番で。ココア、カルピス、ミルクティー。それでも手軽だからインスタントコーヒー飲んでいるうちに、中毒性があるからカフェなんかでもコーヒーを頼むようになる。それが多分中学三年生くらいに始まった。そこからどんどんコーヒーが「口に入れたいもの」にまずなるんだよ。今でも缶コーヒーもインスタントコーヒーも飲む。好んでは飲まないけど、そこにインスタントコーヒーがあって、ドリップするのが面倒なときはインスタントコーヒーを選ぶ。「面倒くさくないこと」が美味しいときもあるし、なんなら「不味い」の方が美味しいことだってあるんだよ。ただ、それは僕がいままでキャリアとして積み重ねてきた意味での「美味しい」とは違うんだよね。その「美味しい」はみんなの、共通するものだと思っている。確実に自分の中でも区別しているけど、それはほかのもっともっと美味しいものを味わったときの「美味しい」とは違う。その感覚に対する言葉そのものが足りない、ということもあるだろうけど、正直なところ言うとコーヒーの美味しさなんて言うのは、そんなごちゃごちゃ言うほどのもんじゃないと本当は思っているの。例えばワインが葡萄と酵母である様にではなく、コーヒーはコーヒー。でも、僕はプロだからそれは言っちゃ駄目なんだよ。

コーヒーってまず「美味しい」の前に「中毒」があるんじゃないかな。それもマリファナよりちょっと強い程度の。でもマリファナみたいに心に訴えるようなものでもない。そしてアル中じゃない人がお酒に中毒になるほどグルメなものでもない。あれはグルメなところがあって、美味しいお酒以外は口に入れないっていうところまでいくでしょう。

タバコの銘柄選んでいる人ってかっこよく思えるんだよね。なんで（セルジュ）ゲンズブール*が「ジタン」吸ってて、かまやつ**が「ゴロワーズ」吸ってるんだろうっていうね。で、ロックバンド「シーナ・アンド・ザ・ロケッツ」のギタリスト鮎川誠が「マルボロ」の赤ラベルで、山口冨士夫***が「ハイライト」なんだよ。そういうことなんじゃないの？　っていうところがあ

---

* **ゲンズブール**…（一九二八―一九九一）フランスの作曲家、歌手。音楽のみならず、俳優、映画監督など幅広い分野で活躍

** **かまやつ**…（一九三九―二〇一七）かまやつひろし、通称ムッシュかまやつ。ミュージシャンとしてだけではなく、外国文化の紹介やファッションの分野においても影響力をもった

*** **山口冨士夫**…（一九四九―二〇一三）ロックバンド村八分のギタリスト

るね、コーヒーって。何を選ぶかでその人となり、人生のスタイルが表されるんだよね。タバコはもう巨大メーカーの世界だけどさ、それがもっとインディペンデントで「オオヤの作ったタバコは美味しいよね」っていうことだったらタバコの方に行っちゃってたかもしれないね。完全にインディペンデントでブランデーとかタバコが作れるなら今でも僕はそっちに惹かれるかも。農場作ってブレンドしたりできたら最高だと思う。ただそこに農地法とかが介在して、農協なんかと協調しないといけないなんて縛りがあったら無理だよって思うけど。

殺す飲み物

コーヒーって例えるならばお酒の中でも蒸留酒寄りの飲み物なの。もし、まったくコーヒーのない世界から来た人にコーヒーの味を説明させてみたら、苦くって、エグくって、酸っぱくって、焦げくさいとか、全部まずい要素で構成されている味だって言うと思う。一番正直な言葉で言うとまずいものなんだと。ウィスキーだって味覚だけでざっくり説明するとイソジンと一緒の味がする、みたいなことになってしまう。蒸留酒と同じ、ぼくは「殺す飲み物」と呼んでいるんだけど、言語化するとまずいものになっちゃうの。でも欲するものと対象の味がピタリと合ったときはもう麻薬的ではまり込んでいくもの。チョコレートに近いよね、チョコレートは甘いから美味しく感じるわけだからコーヒーが苦手な人は砂糖とミルクを好みに応じて入れればいいんだよ。コーヒーに砂糖入れると美味しんだよね。コーヒーに砂糖やミルクをごく少量、小さじ三分の一ずつくらい加えていくと、ミルクコーヒーとも甘いコーヒーとも違う、コーヒーと加味材料が反応しあった一つの味ができたり、隠れていた味が際立ったりする。チョコレートってこの加味調味の妙で出来た食べものだよね。例えばね、コーヒーの苦味というとぼくはオレンジの香りを連想するんだけど、そういうものをマリアージュさせることで新しい味の飲み物が出来上がったりする。反対にミルクも砂糖もどんどん減らせていく中で自分が欲するものと出会う瞬間があるかもしれない。嫌いならのまなければいいんだけど、それでもなにかこの香りを生活の中に取り入れたいのであれば、うまく飲めるようにする方法があると思う。

お店やってて一番怖いのが、どんなコーヒーが誰から出てこようが、砂糖いくついれてミルクどれくらい注ぐとか「やり方」が決まっている人。そういう人って一番グルメな気がする。反対にはじめにブラックから飲んで恐る恐る何か足していったり、怖いマスターに何か言われたがっているのか、そういう人がいるからマスターがなにか言うのか、どっちが先かわからないけど、そういう説教マスターとかも存在するけど、僕は好きに飲めばいいと思う。

同じ場所で育てられた同じ品種の豆でも「オークションロット」*とそうでないかで味が違うとかいうけど、そうやって差別化されている、実際に高いもので、いいものもあるにはあるんだろうね。でもコーヒーって俺らみたいな焙煎家の手にわたるまでに脱穀したり水洗いしたり、いろんな手が加わっているからそこで味の違いが生まれることもあるだろうし。でもそういうテロワールとかの違いって、それを焼きわけられる焙煎家も少ないし、それを飲みわけられるお客さんも少ない。だから段階を飛ばしてしまったら、そういう世界ってお互いに不毛でしかないよね。僕は高いもの買っていい気分になったりする人は大好きだし、気高くあることは大事で、そういうものが受け入れられる世の中は歓迎だけど。どうして消費者は株や相場を怪しむのに、オークションロットのコーヒー一〇〇グラムを欲しがるんだろうね。落札価格イコール美味しさだと思ったり、高価なものイコール珍しいもので、それを体験し、好奇心を満たしたいのであれば、われわれはサービスマンとしてそういう類の豆に関しても何らかの提供はすべきかもしれないね。

浅焙きは酸っぱいとか酸味が強いとか言う人が多いんだけど、コーヒーにおける酸っていうのは、大体において植物の味のこと。ナマのグリーンピースやコーンを想像してみてよ。焼けてカラメル化するから豆に砂糖をかけたような状態になるんだけど、要するにただの豆の味なんだよ。コーヒーがもしお料理だとするならば、俺はそう思っているんだけど、まず食材の味を確認することから始めないとだめなんだよ。コーヒーの味には三つの要素があって、基本的に酸味とか青みとか表現されるものは素材である植物としての豆の味。そして、苦い、甘い、

＊ オークションロット…COEが始めた品評会で入賞したコーヒー豆を、証明書付きでオークションにかける販売方法もしくはその豆。

スモーキーという焙煎加工の味。それとその二つが混じり合った、コーヒー以外の料理や食物で表現されるような味。

あと、味のことを濃い薄いで表現する人も損すると思う。どっちが濃かった薄かったって、要するに個性的かどうかのことを言っているんだと思う。熱い冷たいも味とは関係ない。よく「もう少し熱かったら美味しいのにね」とか言う人がいるけど、それは「熱いのが呑みたい」っていうだけの話。熱いから美味しくて冷たいとまずくなるっていうことはないねって思う。特にどちらもリクエストする時、いい表現の仕方じゃないから好みの味にたどり着くのに遠回りしてしまう。例えばぬるいアイスクリームっていうのはもうアイスクリームじゃないからそれはまずいものになっちゃうけど。儚いよね、冷たい間だけがアイスクリームって。アイスコーヒーもしかりだけど。

はんなりした味

オオヤコーヒーの豆っていうのは非常に一粒の豆が持つ個性が弱い。農作物としての個性が豊かじゃない。なんでかっていうと軽くしたいから。それは味じゃなくって口に当たったときの感覚。基本的には軽くってナンノコッチャわからないみたいなところから飲み進めていくとエチオピアの味がする、ってわかるようなのがいいと思ってる。そこからさらに個性を出す時

に材料をたくさん使う。お金かかるじゃんって話なんだけど、それがいいと思っているのがオオヤコーヒー。よく個性的って言われるのは俺の人間性と、深焼きだっていうこと。ハゲた鮨屋が光り物切らしてる時に客から注文受けて「今日はコレだけです」ってハゲた頭見せるみたいな感じ？

そういうパブリックイメージとは相反して、良い意味で言うと軽いし、悪い意味で言えば没個性的。膨らまないし、カップから上がる香りがほぼ無い。料理が出てきた時に鼻から匂いが入ってくるっていうのがあんまり好きじゃないの。いい気分がしないというか。ぱっと蓋を開けたらふわっと出汁の匂いが漂ってくるようなお吸い物とか、だいたいそういうものって冷めたら生臭くなるんだけど。口にしてから匂いが戻ってくるような、京都で言うところの「はんなり」という味があって、あっさりでもなく、薄いでもなく、「はんなり」としかいいようのない味なんだけど、それをコーヒーで表現するためには今自分の知っている限りでは鼻に入ってくる香りを抑えることとしかない。「はんなり味」は器から鼻へ来る風味と反比例するから。

例えばオオヤコーヒーよりのものが好きだったとすれば、焙煎度は目で確かめるものだから、おんなじ色の豆を選んできて、その豆を指で潰してみればいい。オオヤコーヒーより潰す時に硬かったら味はより前に出ます。ガンとくるというか。反対に柔らかかったら、まずは没個性的と感じるかもしれない。でも飲んだ後にゆっくり豆の個性が戻るような味に仕上げられるかが焙煎家の個性だから、柔らかいイコール没個性ではない。これはトーストでもなんでも、同じ見た目のところまで五分で焼くか一〇分で焼くかで変わってくる。一〇分で焼いたほうが没個性的でパンとしての個性はわかりにくいし、短く焼いたほうがわかりやすい。

生豆の精製法と焙煎度で好みを決めた上で、今どんな「美味しい」が欲しいかは、焙煎家が同じ焼き色になるまで何分かで焼くかという、味に対する思想で決まる。それは個性とも奥行きとも表現できると思う。そのことを科学の言葉で語ろうとすれば語れないこともないけど、モノの奥行きの話っていうのは形而上学的だから、生活とはかけ離れていく。味で美味しくて感動して最高だねこのビーフステーキはっていってるところで、味の奥行きを決める部分や、それをつくるテクニックまでも言語や数値化して語っちゃうのって冷めるんだよね。

数字も音もそうなんだけど、一なんて存在しないんだよ。その間が存在しているだけ。一と二の間があるから一とか二が決まるの。味なんてその極地なんだよね。一点なんて存在しないし、するわけがないいんだけど、無理やりそこを存在するようにさせるなんてコンビニ的だよね。

数学は最も原始的な物語

美味しいか美味しくないかは人それぞれとかっていうやつがいる。「僕にとって美味しい」

とか「僕にとってまずい」っていうのは憲法で保障された自由だけど、その「僕」には実存がかかっているのか？　というのが大前提だよね。美味しいと美味しくないの境目っていうのは確実にあるんだよ。「じゃあそれはどこなの？」と問われてもそれは言えない。でも簡単に言えるものっていうのは、くだらないものだと思う。お料理とか味とかって形而上と言われる世界と一緒で複雑だからこそ素晴らしいと思う。

数学って本来もっとも原始的な物語じゃない。そういうとややこしいって言う人がいるけど、ややこしいものが一番素晴らしいし、信用できるんだよ。ややこしくないものほど胡散臭いものはないよ。単純な味って、例えばさ、「サクマドロップ」のイチゴ味とかって、あんなものひとつもイチゴの味しないんだよ。でも赤くって、イチゴ味っていわれると、食べたらなんかイチゴだなあって思う。そういう単純な世界って嫌いなんだよ。まあ「サクマドロップ」は好きなんだけど、それはイチゴとしてではなくって「サクマドロップ」として好きということだけど。

世界がそんな単純なものになったとして、じゃあ俺らはこの資本主義社会で誰と競争をするのっていう話になるよね。誰が勝つのっていうことになったらいっぱいお金を持っているUCCとかが勝つに決まっているでしょう。「美味しい」が明確であれば。前に（二八頁）「資本は美味しいに資本を投下しない」といったけど、すこしずついろんなことが変わりつつはある。根本的には何も変わらないんだけど、例えば俺らがインディペンデントであるからこそ、われわれのものだとおもっていた価値観を大資本がひとつのデザインとして取り入れる時代になっている。日本で言うと「サザビー」*というか、「アフタヌーンティー」**以降、「美味しい」が一つのブランド、付加価値化した。そのなれの果てが「塩キャラメル」だよね。「甘いはずのキャラメルに塩味がする」とかさあ、人間誰もが持っているグルメへの劣等感を刺激するさあ。

人の性格にもよるけど、味に対して受け手、受け手でいるっていうことはやめた方がいい。美味しいまずいっていうのは複雑なことかもしれないけど、感じることっていうのは最もリベラルな、なんの訓練もなんの資格もいらない表現なんだよね。誰かが押し付けた価値観に感じさせられたっていう考えはやめたほうがいい。そういうことを権威に対するルサンチマンとかで計るのはよくないと思う。自分が決めるべきだし、もしくは自分がそういう価値観を共有する人たちと決めるべきだと思う。味がわからないと自負する客が萎縮してしまうような、店の人間が上から物を売るような、閉鎖的なコミュニティができる場合もあるけど、大坊さん***や修さんはこれを否定するような店作りに成功した。それらの店の常連客もそういう場をつくることに成功したと言えるよね。市民が消費者に成り下がってしまったというルサンチマンを超克

---

* **サザビー**…株式会社サザビーリーグ一九七二年創業。バッグ、生活雑貨、ファッションなど多岐にわたるブランドを運営する

** **アフタヌーンティー**…サザビーを母体する全国展開のカフェと雑貨の複合店

*** **大坊さん**…大坊勝次。元「大坊珈琲店」店主。

するには、誇り高き一消費者として存在するしかないんだよ。店のあり方もしかりで、インディース（独立状態）であることは、誇り高きことの絶対条件だと思う。

現在の食の世界から欠落したものがなにかあって、それがないから誰もが美味い不味いっていうのを、権威が決めた価値観だと疑わずに安易に語ってしまう。美味しいまずいは感じてはほしいんだけど、それを語る時に誰と整合性を作ったのって思う。少なくとも恋人とはおんなじ美味しいものっていうのを確認したり、揉めたりしているわけだよね、みんな。A5ランクの何々牛が美味しい、なんて話、本当にあさましいと思う。非常に悪魔的だし、戦争の原因ってそういうことなんじゃないの。

小さなコミュニティの中の共通言語

美味しいことを一点に定めるって言うことは非常にレベルの低いこと。あんまり綺麗なもんじゃないと思う。全ては「間《あいだ》」なんだよ。美味しいものと不味いものの境っていうのは絶対にあるし、それはどこなのっていえば、かつて北大路魯山人が言ったように「わかるやつにはわかるけど、わからないやつにはわからない」っていうこと。で、僕はそれをわかっているつもりだけど、もしかしてわかっていないのかもしれない。その不安定さっていうのは非常にいいよね。それが芸術だと思うし、芸術とか文学のない人生なんてつまらない。

確実なものが一つあるとすれば「間」がある。美味しいものというのはその間のことを言う。二つの分岐点があって、一つはやりすぎ、ひとつはやらなさすぎ。その間において自分のこのみの食材を調理すればそれは美味しいんです。もしくは食べる相手の好みを慮った上で調理すればいいだけのこと。

完全な共通言語化じゃなくて、小さなコミュニティ、味以外のものを共有するコミュニティだと尚いいけど、その中の共通言語をつくるにあたってそのイニシアチブを誰がとるかということ。それはある種の戦いや居場所づくりでもあるわけで、それをアメリカの有名企業とかメーカーが決めるなよ、俺らで勝手にやるからって言いたいの。そのコミュニティ内の共通点が何処になるかは、仲のいい時は合意になるし、ムカつくなあとか思ってるときは戦いになるよね。そういうことって面白いし、それによって成長していくんじゃないの？　その成長って何かというと美味くて安くなっていく。みんなそれを求めているはずなのに、グローバルブランドのものをついつい買っちゃうみたいなさ。

小さいコミュニティって言っても一万人規模だと思ってるし。子供二人育てて別荘買えるくらいの収入にならないと駄目なの。それは農業に関しても言えるし、そういうものになっていかないといけないよね。

第五考——喫茶店でコーヒーを飲むことについて

「まっとうな商売はお客さんが完成させる」

並ばせてるなんて論外だし、行列を作るなんて悪いこと

オオヤは店に立ってないじゃないか、なんで立たないのかとかよく言われるけど、今はいろんなところに行って人に会って、コーヒーを焼いたりしているのが楽しんだよね。京都では「パチャママ」を嫌というほどやったし、うちの子たちが一生懸命やってるしね。なんだかんだ天神さんの屋台*は一〇年近くやったし、どこどこに行ったら「オオヤが居る」みたいなのはまだ後でもいいかな。そもそもその店の第一人者にコーヒーを淹れてほしい欲求で店に立つことを要請されるのであれば、そういう要求には嫌悪感しかないし、第一人者以外のコーヒーに信用がないのであればそれは反省すべきこと。言われれば言われるほど店に立ちたくなくなるんだよ。店主の人柄もたしかに大切だけど、その一〇〇倍は味が大切。もしこの先自分が立って店をやるんだったら東京かもしれない。それはやっぱり大坊さんへのオマージュ、というと怒られるかもしれないけど、東京という街でコーヒーだけで成り立つ店をやって支持されたというのはやっぱり大きい。味ももちろん凄いけど、みんなが思うほど味だけのことではなくて、良い経営をしてきた人なんだと思う。いい店っていい経営じゃないと絶対に成り立たない。経営という言葉に「金儲け」を連想して嫌悪する人っていうのは、大体が他人への悪意と自分への

罪悪感なんだよ。自分の罪悪感を他人への悪意でチャラにするのは無責任。美味しいコーヒーは大体において、考える時間と労働する時間、休む時間のバランスで出来ているもの。お客さんがコーヒーを「美味しい」と感じるのも、コーヒーの味と店の感じと、人のサービスのバランスだと思う。だから良い経営は良い店そのものなんだよ。それらのバランスが歪で、それを他人のせいにしようとする無責任な人々が清貧な物語を創作する。それは善意を装った物語で、結果われわれを束縛することになるんだよ。

いい経営っていうのはやっぱり「美味い・早い・安い」だよ。みんなオオヤは店にこだわりが強くてとか言うけど、本当は俺の意見と好みっていうのは若い頃から語っていないし、語っても無意味だと思ってるの。筋を通せっていうほどヤクザじゃないけど、店側がちゃんとものを考えていない結果、かかわった個人がスポイルされちゃうみたいな状況に非常に腹が立つってそれだけなんだよね。特にコーヒーのような特別複雑っぽい商品を扱う際に、権威ある正しさを銘打つSCAJみたいな機関で学んだ人が、誰でも越えられるようなあるハードルを越えたことによる自信をもとに、他所の世界との比較検証もなしに、巷の言語を権威の言語のように置き換えて商売をする傲慢さ。お客さんとこちら側、二つの言語の違いを瑣末なことにしてしまって、自分たちの言語へと吸収する感覚っていうのは、それに関わった個人、お客さん

＊ **天神さんの屋台**…北野天満宮で毎月二五日に開催される縁日にあわせ出店するコーヒー屋台

たちをスポイルしてしまうんだよ。

ちょっと話は変わるけど、この前とある中華料理店でね、すごくたくさん注文したの。そしたらそれを僕らのテーブルに乗りきらないくらいいっぺんに持ってくるの。冷めてから食べないとだめなピッチでどんどん出してこられてさ、何かって言うとお前らの仕事を早く終わらせたいだけでしょって。なんでそんなもん俺らが協力しなきゃいけないんだよ。「見てごらん、さっきまで君らと同じように働いてたうちの下っ端の子らがさ、ご飯を膝の上において慌てて食べてるんだよ、そういうの見てなんか思わないのかよ」なんていいたくなるよね。せめてそういうサービスしかできないのであれば、なんか俺らの心を安らがせるようなことを言ってほしいんだよね。嘘でも愛想よく「すいませんねえ」とかさあ。そういうことが最近ではチェーン店はもちろん、個人の店はなおさら、著しくある。なぜならサービスの素人だから。いま言った中華の例はただの無責任だけど、個人店のケースだと「泣き言」になってくるんだよ。自分ができないシステム作っちゃって、それ以上のお客さんが来てめちゃくちゃ待たせたり、しまいには来た瞬間に心の舌打ちが聞こえてきたりして。必要以上にお客さんをいれなければそれでいいんだよ。もっというと並ばせてるなんて論外だし、行列を作るなんて悪いことだと思うよ。

例えばNTTとかJRとか、大企業の客対応なんかがここ二〇年でめくるめく変わったよね。運送会社のドライバーさんなんて、自分が関わる範囲以外のことは全く把握していないし、関係ないっていう態度で、全体像っていうのが損なわれちゃってるんだよね。長時間待たされたり、番号選ばされたり、何度も説明させられたり、要するに客が企業のシステムに組み込まれているんだよね、いつの間にか。分業化なんて昔からあったけど、ここまでひどい分業化っていうのは、社会的でない。それしか選択肢がないのに「嫌ならやめれば？」というのは下等な思想で、非現代的、非社会的で、まるで『ヴェニスの商人』*だよ。システムが神だっていう。

実存がかかってたら僕は論争しようと思うのに、システムを盾にされて、自分はわかりませんとか言われても、そいつがわからないのは僕には関係ないし、ウチの店にそんなこと言うやついたらクビかしばくかどっちか選ばすよ。「じゃあお前より偉いやつ連れてこい」ってなるんだけど、大企業になればなるほどべつにトップでも何でもない人にしかたどり着かないわけだし、どうしたらいいのって途方に暮れちゃうんだよね。そもそもどれだけ偉いやつが出てきたとしても、問題なんか解決しないんだけど。そもそも法人には人格なんてないしね。

たまにね、夜遅くなったときに、打ち合わせしに深夜営業のハンバーグチェーンとかに行くことがあるんだけど、話が白熱してる時にね、あの窓みたいなメニューをガっと開くんだよ。あれ、押し出し強いでしょ。いちいち見てらんないよって、「一番なんでもないハンバーグちょ

---

* **ヴェニスの商人**…シェイクスピア作品で描かれる、強欲で非情な商売人の象徴を指している。

うだい」って言うと「何々ですね」とかわざわざ確認させるの。わかってんでしょ「一番なんでもないハンバーグ」ってどれか。それに「オマエの店であのバーグか、このバーグかなんてどっちでもいいよ」というある種の正論の可能性があることに気が付いていないんだよ。「いつ、誰に、どこで」という同意や、すり合わせのない段階での権限主張が大型チェーンなんかでは当たり前のようにまかり通ってる。あなたが考えた「それ」を持ってきてもらって、間違ってたら間違ってたでその時話そうよ、って思うの。社会の義務教育化が礼儀も正義も愛情さえもマニュアル化していく。みんなが幸せになれるはずの資本主義の物語を絶望に導く消費者の社会主義願望だよ。でもみんなね、アルバイトの立場に忠実で、機械的にシステムに責任転嫁するくせに、無視とかはしてほしくないって気持ちがすごくあるんだろうね。その証拠にコンビニでもなんでも「ありがとうね」とか「おやすみ」とかいって帰るとみんなすごくいい顔するんだよ。

三流の味でも一流のサービス

サービスでお金をちゃんともらっている人たち、昔のレストランとか、「山の上ホテル」*にしても「コート・ドール」**にしてもサービスマンがちゃんとリスペクトされているところは、きちんとした教育がなされているから気持ちいい。イノダなんて外で会っても覚えててくれて、ものすごい年上の人がおじぎしてくれるし、僕が読む新聞なんかを覚えていてくれるんだよ。

ものすごい先輩が。そんな時僕は嘘でも恐縮するようにしてる。そうなってくるともうお金の話を超えてくるもんね。でもやっぱりサービスマンが技術者よりもお金をもらっていないのが日本の飲食業の特徴だと思う。ものすごく悪いことだよね。

若い子たちはみんな焙煎やりたい、ドリップやりたいって相談に来るんだけど、本当は技術者を目指すのと同じくらいサービスを学ぶことが大事なんだよ。三流の技術者をたくさん雇うんじゃなくて、一流のサービスマンに三倍の給料払えば、三流の技術者五人必要なところが一人で済むはずなの。例えばいくつか注文をあつめたところで三つしかドリッパーを並べられないとして、一人の客二組と、最後に受けた一組のカップル客がいたら、真ん中に注文を受けた人を飛ばしてカップルの分を二人分先にやっちゃうとかさ、その場合にも、受けた注文を後回しにしても問題なさそうな人を選択する力っていうのはプロのサービスマンの力なんだよね。その人にどういうケアをするかとかね。それをやるには喫茶店って難しいんだよね。

それをやろうとして失敗した人っていっぱいいて、もともとトーストを出していたのが特別な料理を出すようになって、グルメクラブみたいになって客と一緒に食べ歩き始めたりして、

---

* 山の上ホテル…御茶ノ水、駿河台のホテル。古くから作家や文化人に愛されたことでも知られる
** コート・ドール…東京都港区三田のフランス料理店

珈琲
アロマ

WE WELCOME
ALL
ALL
ALL
ALL
ALL

結局潰れちゃうみたいなところってあったんだよね。ダンディズムや思想がなければ、コーヒーって惨めなもんで、レストランのほうが偉いとどっかで思っちゃいがちだから、そっちにいってしまうの。そういう意味ではラーメン屋はすごいと思うよ。餃子もなくってラーメンだけを出すいいラーメン屋って、たんたんと出し続けてるよね。いい注文のとり方をしているし、ラーメン屋で腹たったことってあんまりないんだよね。客をちゃんと人扱いするっていうか、サービスってそれしかないと僕は思ってるよ。

もし全部含めたものが店の良し悪しだとすれば、僕は味なんか三流でもサービスがいいところを選ぶね。だから僕は今でもイノダに行くんだけど、って言い方すると怒られるか（笑）。修さんところは客を待たせないし、その上イノダより美味しい。理想的じゃん。みんなイノダより美味しいイノダをやりたいと思っていても出来ないんだよね。でも修さんは自分ひとりのコントロールでやってるからそれができる。でもね、僕は今でもトライしたいなと思うのは、バンドでそれをやりたいなということ。イノダって内山田洋とクールファイブ*みたいで、内山田洋のグループだけど歌ってるのは前川清、みたいな感じだよね。でも一方でみんな歌ってる、みたいなバンドもあるわけだし。そんな感じを目指したい。ぼくはサンフランシスコしか知らないけど、アメリカでは結構やってると思う。あがってくるチンピラたちのアイデンティティを許容することで　若い世代とキャリアを積んだ世代が体当たりでやっている。そういうあり方への志向が「オオヤさんは何故店に立たないんですか？」という問いかけへのある種の答えだと思う。

それはぼくが決めることです

消費されない店っていうけど、もはや「消費されたくないんです」っていうことが商品価値になって消費されていくみたいな店も増えてるんじゃないの。浅田彰**の言葉を借りるとすれば、「スキゾキッズ***の演劇的逃走の終着点としてのカフェ」的な。五年そこそこのキャリアの若い子らがさ、客席八席とか五席くらいのコーヒー屋作って、高いのかと思ったら普通よりちょい高いくらいの値段のコーヒーで、まあ味は普通、どっかでみてきたみたいな威厳とかサービスとかを演じて、まあそれがバレなくて喜んでくれるくらいのお客さん相手で成り立つくらいの店。その人達も当然育っていくんだろうけど。スキゾがパラノ（イド）を演じて、尊敬と憧れの対象への超克を軽んじた結果、軽薄だけが残ったという感じがする。

---

* **内山田洋とクールファイブ**…ムードコーラスグループ。内山田洋がリーダーだがメインボーカルは前川清。

** **浅田彰**…批評家。現京都造形芸術大学大学院長。主著に『構造と力――記号論を超えて』、『逃走論――スキゾ・キッズの冒険』ほか。

*** **スキゾキッズ**…浅田彰の著作『逃走論――スキゾ・キッズの冒険』において提唱された、制度や秩序を相対化し、分裂的傾向を持つタイプの人種。「スキゾフレニア」が語源

400
アイスコーヒー
370
トースト

やりたくてやったんだから、どういう風に「やりたいようにやる」かは戦いだよね。ごく最近のカフェブームの時に、若い子らがどんどん気軽に店を始めて、どんどん悩んでプチ心の病気みたいなことを語りながら、やめたり休業したりしてるんだよ。案外いい線いってて売上も上がってるのに凄い悩んで落ち込んで、「しんどい」って。その「しんどい」って何かというと、オープンしてすごく大事にしてくれるお客さんがいてさ。そのおじさんがその店の事好きで好きでしょうがないんだけど、その「好き」がすごく自分勝手な「好き」で、要するに自分より弱い人間に対する征服欲に近くて、彼等がなにをするかっていうと、招き猫を持ってくるんだよね。そのお店に絶対いいと思って持ってくるんだけど、店の子らはそれを置きたくないから置かない。そしたら次にそのオッサンが来た時に「あの招き猫どうした？」って、まあそういう類の話なの。

第三者からすると笑い話でも、やってる本人には心臓をえぐられるくらいストレスでしんどいことなんだよね。要するにキャリアがないからそうなるっていうのもあるんだけど。僕はなんで強くなれたかって言うと、そもそも「招き猫ダサい」って言えない人間だったのね。でも「パチャママ」やってた時代はそこまでちゃんと客と付き合っていこうと思って、「どんなにダサくない招き猫があったとしても、自分一人が思ったことを、みんなの目につくところに置いといてもらおうっていう気持ちがダサいよ」っていうのを伝えていたのね。べつにそういうことをするのが好きでもなかったし、めちゃめちゃ消耗しながらやってたんだけど、とにかく自分が潰れるのは不当だと思っていた。でも今の子たちは自分が潰れて、その潰した人たちのことを誰かに批判させるように構造的に持っていくんだよね。めちゃめちゃポリティカルな態度で、僕はそっちのほうが招き猫持ってくるオッサンより嫌いなんだよ。

そういう若かった頃に、修さんの店での言動が印象的で。ききわけのない、お客さんが来たときに「いまいっぱいです」って断ったら「ここ空いてるやん」とか食い下がられた。それで修さんがいったのが「それはぼくが決めることです」って。それは意地悪で断ったんじゃなくて、今ここに座ってもらっても、多分その人の入ってきたときの雰囲気ならきっと待たされてイライラするだろうし、その新しい注文を聞くことで今待っているお客さんに提供するのが随分遅れてしまう。注文だって、いろいろ細かく聞かれ出したら数分かかることだってあるんだよ。この豆ってどうですかね？　なんて。すでに混雑しているから一〇分待っているお客さんにとっては、さらにまたされる三分の時間が二〇分にも三〇分にも感じるだろうし、提供する側にはもっと長い時間に思えるはず。それ聞いて「そうか！」と思ったの。この人ヤクザにも同じように言うんだろうなって。

俺らもそろそろ飲みに行っても怒られないかな、くらいの時期に行った「赤垣屋」*なんかで見たのは、若いＯＬさんなんかがカウンターの中の大将に「飲んでください」とかって酒注ごうとするんだけど、「お行儀悪いから止めなさい」ってしっかり怒られてたもんね。酒場は酔っ払ってるからまだいいけど、コーヒー屋って客がシラフでしょう。外国人なんかがやりやすいのは、カフェ工船に来て、「もってきたお茶のんでいいか?」なんて平気で言ってくるから「絶対ダメに決まってるでしょう」って怒ると、「じゃあ鴨川でも行って飲んでくるよ」なんて出ていくんだけど、また次に客としてきてくれたりするんだよね。でも日本人はそんな風に注意すると傷ついたりするんだよ。例えばおむつしててうんこのにおいしている赤ちゃんをカウンターの上に乗せて「かわいいでしょ」ってやってるから、「汚いでしょ」って注意したら「汚いって? 赤ちゃんが?」みたいな反応されてもう二度とこないみたいな。でもね、そういう風に注意しているのを聞いて喜んでくれるお客さんもいるんだよ、悪い意味じゃなくてね。やっぱり店としてはそういう人たちを支持したいよね。

---

* 【赤垣屋】…昭和九年創業、川端二条の居酒屋。

あとがき

堀部篤史

オオヤ「堀部くん、下鴨の［つきじ寿司］って知ってる？」
僕「ああ、知ってますよ。昔よく親に連れて行ってもらいました」
オオヤ「あそこ駄目だよねえ」
僕「え？　子供の頃から寿司といえばあそこで、美味しかった記憶があるけど」
オオヤ「握りなんかさあ、もうぼろぼろで、ぽんと置くと崩れてきちゃうんだよ」
僕「えー！　ネタがこぶりなんだけどシャリとのバランスが良くって、美味しかったですよ」
オオヤ「あそこがいいのはさあ、お勘定すませて外に出るとわざわざ暖簾くぐって見送ってくれるんだよね。んで、頭深々と下げて『ウチはこんなもんです』って。最高だよ、あそこいいよねえ」
僕「なんか腹立つなあ。まあ、高校生の頃から行ってないし、ご主人、あのころですでに初老だったからもう相当な歳なんだろうなあ」
オオヤ「じゃあ今度浅草にある、いい寿司屋さんに連れて行ってあげるよ。テレビがあって小上がりもあるようなまったく威圧感のない店なんだけど、すごく丁寧な仕事をするんだよ」
僕「はあ。おごってくれるなら行きますけど」
オオヤ「じゃあそこ行ってからお寿司の話ゆっくりしようよ」

その昔、われわれには時間があった。喫茶店ならコーヒー一杯とタバコ一本分の、居酒屋なら瓶ビール一本と日本酒一合を呑み終え、酩酊するまでの時間。そう簡単には「いいね」とは言ってくれない先輩に、頭ごなしに否定され、よくよく話しこむうち、なんとなく納得させられるか、結局首を傾げたままそこを去るまでの短いようでいて長い時間。

オオヤさんの話はわかりにくくて面倒くさいという人は少なくない。しかし、根気よく耳を傾ければそのわかりづらさが誠実さの裏返しだということがすぐに分かるはずだ。安易な共感を避けたいがあまり、性急に答えを急ぐものに対してはまず否定から入る。そこで話がお終いならただの嫌な奴。でもとことん耳を傾ければ、ごくまっとうな正論を話していて、なおかつ良し悪しの二元論に着地せぬよう慎重に言葉を選んでいることだって分かるだろう。世界は言語から生まれたわけではないから、言語化しきれない議題に関しては当然矛盾も生じる。矛盾そのものは話の本質にはなんら関わりがない。聞き手にそれを受け入れる度量があるかないかが問題なのだ。

しかし、いまわれわれには時間がない。文脈は解体され、長文は読解されることなく、シンプルな言説ばかりが支持され、論争を諦めた末に安易な共感や全肯定で話が終わってしまう。誰にとっての、という前提のない数値やコピーを鵜呑みにし、考えることをやめにしてしまう。

最もリベラルな表現であるはずの「美味しい」でさえも、権威や資本が押し付けてくる基準や、きわめて疑似科学的な数値に惑わされ、他人の言葉に甘んじてしまう。わかりやすく答えがあるものほど支持され、わかりにくく答えのないものの価値は語られない。

反対に、難解で明快な答えがないものとはなにか。文学であり、哲学だ。さらに言えば美術と音楽、ポップカルチャーも。いくら語っても語り尽くされることがなく、順列や点数とは無縁であるはずのもの。それらすべてをナリワイとして扱う本屋である僕にとって、わかりやすいことばかりが受け入れられる世の中であっては困るのだ。

本書はコーヒーの技法書を模した、哲学書であり、文学であり、いつでもたっても終わらぬ喫茶店での与太話である。技法書を作りたいんだと言っていたオオヤさんには申し訳ないけど、少なくともぼくはそう思っている。こういう話を皆が口にし始める時、そのときこそ喫茶店が重要な場所として蘇るのではないか。

ここに綴られた言葉はすべてオオヤさんのものだけど、同時に、聞き出し、噛み砕き、文字に起こして整理した、僕のものでもある。何言ってるのかよくわからないのならば、僕と一緒に喫茶店に行きましょう。いい店知ってるから。

オオヤミノル

一九六七年生まれ、年収四〇〇万円。予備校中退、浄土真宗地下本願寺派結成を目論み中。左派世界党に一票を求めて四〇年。
人の年齢、年収、学歴、所属宗教、支持政党はドンドン聞いていく派。性別、出世国、には別段興味はありません。

珈琲の建設
オオヤミノル

初版発行 二〇一七年一一月一〇日
第二刷発行 二〇一八年一月一三日
二版二刷発行 二〇二三年一〇月二五日

写真 キッチンミノル
デザイン Studio Kentaro Nakamura
印刷 モリモト印刷
撮影協力 PADDLERS COFFEE
発行 誠光社
六〇二-〇八七一
京都市上京区中町通丸太町上ル俵屋町四三七